本书受到西安高新区深化服务贸易创新发展课题研究项目（编号
高新区企业管理优化、薪酬绩效设计及效果评估（编号：105
工大学青年社会科学学术创新团队——区域经济合作服
（105/256082004）的资助

经管文库·经济类

前沿·学术·经典

陕西服务贸易高质量发展
评价及重点领域研究

RESEARCH ON DEVELOPMENT EVALUATION AND
KEY AREAS OF SERVICE TRADE IN SHAANXI
PROVINCE

主编 刘雪莹
副主编 史耀波

经济管理出版社
ECONOMY & MANAGEMENT PUBLISHING HOUSE

图书在版编目（CIP）数据

陕西服务贸易高质量发展评价及重点领域研究 ／ 刘
雪莹主编；史耀波副主编. -- 北京：经济管理出版社，
2024.12（2025.4重印）. -- ISBN 978-7-5096-9995-9

Ⅰ. F752.68

中国国家版本馆 CIP 数据核字第 2024W6Q937 号

组稿编辑：杨国强
责任编辑：赵天宇
责任印制：许　艳
责任校对：熊兰华

出版发行：经济管理出版社
　　　　　（北京市海淀区北蜂窝 8 号中雅大厦 A 座 11 层　100038）
网　　　址：www. E-mp. com. cn
电　　　话：（010）51915602
印　　　刷：北京厚诚则铭印刷科技有限公司
经　　　销：新华书店
开　　　本：720mm×1000mm/16
印　　　张：13.75
字　　　数：239 千字
版　　　次：2024 年 12 月第 1 版　　2025 年 4 月第 2 次印刷
书　　　号：ISBN 978-7-5096-9995-9
定　　　价：98.00 元

序　言

在国际贸易中，有形贸易对应的是货物贸易，无形贸易对应的是服务贸易。货物贸易的进出口由海关监管，而服务贸易具有无形性、不可储存性、即时性，采用线上提供服务、线上交易、线上结算，服务是实时完成的，服务贸易目前由国家外汇管理局监管。服务贸易在逐步发展中形成了自己独有的特点：产品的无形性、不可储存性，主体地位多重性，生产、交易和消费的一致性，贸易保护形式的隐蔽性等。

以加工贸易为例，从大类看，加工贸易属于服务贸易，加工方提供来料加工、装配、包装等无形服务，或者附加专利使用和技术授权，收取的加工服务费用计入"服务贸易项"；若加工方除此之外还提供原材料，则需将原材料纳入海关统计的"货物贸易项"，若存在服务贸易项与货物贸易项交叉的情况，会给分类统计带来很大困难。

按照我国服务贸易统计行业分类标准，将服务贸易分为十二大类，包括运输服务、旅游服务、通信服务、建筑服务、计算机与信息服务、保险服务、金融服务、专有权利使用费和特许费服务、咨询服务、广告宣传服务、电影音像服务和其他商业服务。

2024年9月，国务院办公厅印发了《关于以高水平开放推动服务贸易高质量发展的意见》，要求各地区要结合本地实际，积极培育服务贸易特色优势产业。近年来，全国诸多城市都同时展开了服务贸易创新试点工作，基于国家试点任务有序推进及完成情况，国家层面明确服务贸易高质量发展的要求主要包括：一是扩大服务贸易规模。二是优化服务贸易结构。优化服务贸易行业结构，积极开拓服务贸易新领域，稳步提升资本技术密集型服务和特色服务等高附加值服务在服务进出口中的占比。三是规划建设服务贸易功能区，依托现有各类开发区和自由贸易试验区规划建设一批特色服务出口基地。四是创新服务贸易发展模式，积极探索信息化背景下新的服务贸易发展模式。五是培育服务贸易市场主体，打造一批主业突出、竞争力强的大型跨国服务业企业，培育若干具有较强国际影响力的服务品牌。六是进一步扩大服务业开放，探索负面清单的管理模式，提高利用外资的质量和水平。七是大力推动服务业对外投资，支持各类服务业企业通过新设、并购、合作等方式，在境外开展投资合作，加快建设境外营销网络，增加在境外的商业存在，支持知识产权境外登记注册，加强知识产权海外布局，加大海外维权力度，维护企业权益。

基于对自身禀赋及发展优势的把握，结合陕西国内试点区域服务贸易创新发展的案例，主要在文化资源挖掘、加工贸易、软件和技术外包三个业态领域内突出重点，提出如何推动服务贸易高质量发展，服务业高水平开放的发展思路如下：

（1）瞄准服务贸易创新试点方向，实施创新驱动。横向比较发现，作为试点区域要以创新为引领，以创新为驱动，就是要勇敢地闯、大胆地试。一是重点加强服务贸易制度创新突破。对外开放不足、对内管制过度，限制了我国服务业国际竞争力的提升。服务业的开放不是简单地将其从负面清单上拿到开放领域，而是要和放松管制密切地结合起来，形成开放和改革良性互动的新格局。因此，要探索优化服务贸易支持政策，进一步减少行政审批，加大对服务企业的融资力度，促进数据信息、人员技术等要素便捷流动和优化配置，全面优化营商环境。二是促进服务贸易技术创新。要着眼于高端价值链、前端产业链和完整供应链，以新技术产业方向和高层次需求为牵引，努力在集成电路、5G 等新一代信息技术逐步突破。要出台支持政策，鼓励服务领域技术引进和技术创新，支持西安企业积极走向高端，服务国际市场。三是与信息技术进步相关的数字经济。数字经济的进步使很多传统服务的可贸易程度大幅度提升，同时创造出很多和数字贸易经济相关的活动，从而形成了跨境贸易新的内容，这是高新区下一步提升服务贸易国际竞争力的重要突破口。

（2）突出地区特色，明确产业发展重点。服务贸易重新试点任务涉及全国

28 个省、市（区域），各地区必须聚焦优势领域和特色产业。软件外包和商业流程外包是陕西最具特色，也是体量最大的服务贸易行业。一是重视培育服务贸易市场主体，巩固软件和服务外包优势。在服务贸易领域，品牌效应越好，开拓市场的能力越强，越能拿到订单。在全球 100 大非金融类服务企业中，我国有 4 家。从增强服务业国际竞争力的角度来说，着力培育服务贸易领域的龙头企业是一个重要的突破口。二是加快服务外包转型升级。推动服务外包与先进制造业融合发展，持续推进西安服务外包示范城市建设，重点发展以数字为支撑、以中高端服务为先导的众包、分包、云外包等"服务+"新业态、新模式，支持服务外包示范园区搭建公共服务平台，促进产业聚集，大力培育龙头企业，支持企业技术改造、获取国际认证、租用国际通信和网络数据专线、开展自主品牌建设，支持高端人才境外培训，鼓励校企联合建设服务外包人才实习实训基地。三是推进文化产品的出口和品牌建设。文化是承载中华特色的服务领域。陕西是文化大省，在文化产品出口领域具有一定的优势和良好基础。国家先后在陕西西安的高新区、曲江新区、浐灞生态区批准设立了文化服务出口基地。应积极引导和扶持这些特色服务做大做强，更大规模地走上国际舞台。在文化出口方面，陕西需要大力促进文化创意、数字出版、动漫游戏等新兴文化服务出口，加快塑造西安特色文化出口优势。

（3）加强主体培育，抢占数字贸易发展制高点。发展服务贸易最终还是要靠市场主体，其中，龙头企业的引领带动作用至关重要。要根据企业规模、国际化程度、主营业务等指标，在各服务贸易领域认定一批重点企业，在政策、资金等方面予以倾斜，支持企业做大做强。要积极搭建平台，打造 2~3 个特色鲜明、在国内外具有比较优势的服务贸易聚集区，形成一定的规模效应。陕西要积极引导和支持企业创立服务品牌，通过提升服务质量来提高和扩大品牌国际影响力，重点鼓励规模以上服务业企业走国际化发展道路，积极抢占数字贸易发展制高点，重点支持电竞体育、影视演艺、远程医疗、远程教育、北斗导航、服务外包等领域的发展。同时，大力促进服务外包转型升级，提高 KPO、IPO 业务占比，加快发展外包新模式，推动服务型制造业融合发展。同时，及时总结服务贸易创新发展试点的经验，形成一套对全市服务行业普遍适用的比较完整的、有利于服务贸易创新发展的政策体系。

（4）完善好统计监测。服务贸易统计在各地市都是一个难题，很多新兴服务贸易活动未能在统计数据中显现。在资本市场尚未完全开放的情况下，当务之急是更加准确地做好服务贸易统计，掌握陕西服务贸易发展的真实情况。陕西省统计局要牵头组织相关部门研究探索一套符合陕西区域规律的服务贸易统计办法，切实把握陕西服务贸易的发展基础、运行趋势，在此基础上，在"十五五"规划中做好顶层设计，推动服务贸易快速发展。首先，重点做好商务部业务统一平台统计数据申报工作，动员服务贸易企业积极申报数据，从而全面准确地反映陕西服务贸易发展成果。健全统计体系应从制度创新、指标创新和方法创新三个方面入手，设计企业基层表、行业统计表、综合统计表等统计表格，全面统计企业、行业及全省服务贸易整体发展情况；明确各部门的责任分工，从行业主管部门到综合管理部门，全面整合，多角度、多维度、系统地反映陕西服务贸易实际情况，以实现制度创新。其次，通过细化陕西服务贸易试点发展所选的重点领域中分行业发展指标，反映陕西服务贸易重点领域的发展情况，实现指标创新。最后，多渠道获取统计数据，通过向中国移动、银联等企业购买数据的方式破解某些指标数据获取难的问题。通过基础数据科学推算等方式探索服务贸易多种模式（跨境提供、境外消费、商业存在和自然人移动）的全口径统计，实现方法创新。

本书为探索陕西区域实现服务贸易跨越式发展的路径奠定了理论研究基础。服务贸易拓展扩大了货物贸易的市场规模，有利于陕西各高新区出口工业企业实现规模经济，提高生产技术效率和专业化竞争优势，形成包含资本形成和技术创新等一系列促进经济发展的机制，推动陕西区域经济高质量增长。本书可用于各区县贸易服务机构、各高新区管理人员参阅，可作为应用经济学专业的本科生、研究生的教材参考书，也可作为研究区域性贸易政策的读物。由本书刘雪莹负责课题总体设计、组织讨论和研究。感谢为《西安高新区深化服务贸易创新发展课题研究项目》顺利完成提供过帮助的单位和个人；感谢西安理工大学青年社会科学学术创新团队成员的帮助，感谢陕西省商务厅、西安市商务局和西安高新区对本书调研工作的支持。

目　　录

第一章 绪论

第一节 研究背景

在贸易高质量发展的过程中，服务贸易不仅扮演着举足轻重的角色，更是引领产业向全球价值链高端攀升的核心动力。服务贸易是当前贸易战略竞争、规则制定和利益博弈的焦点，更是未来塑造全球贸易格局的关键力量，对重塑全球贸易新版图具有决定性的影响。据世界贸易组织（WTO）统计，2022 年全球服务出口 71270.6 亿美元，同比增长 14.8%，占全球货物和服务贸易出口总额的 22.3%，占比较上年提高 0.5 个百分点。世界进入服务经济时代，据世界银行统计，服务业创造了近 2/3 的经济产出，提供了超 50% 的就业岗位。服务贸易是服务业发展的国际化形态，是各国参与国际产业分工、优化配置全球资源的重要途径，逐渐成为全球经济的重要支柱和国际贸易中最具活力的部分。WTO 数据显示，2022 年全球服务出口额较疫情前增长 12.8%，其中，计算机服务出口较疫情前提高 45%，成为过去几年中最具活力的行业。

目前，以制造业为主导的货物贸易出口面临严峻挑战，全球经济的主导产业正悄然地从制造业向服务业转移。面对这一趋势，对外开放贸易模式亟须进行深刻的研究论证和转型升级指引，贸易政策亦需灵活调整以适应不断变化的贸易形态。展望未来，陕西在推进国家服务贸易创新发展试点城市的进程中，发挥了其在文化、科技和制造业方面的优势，将服务贸易置于优先发展的战略地位。通过强化优势、弥补短板、加强薄弱环节，使服务贸易成为引领外贸转型升级和创新发展的核心动力，进一步推动了经济的高质量发展，并助力陕西在全球价值链中占据更为高端的位置。

"十四五"以来，陕西不断深化服务贸易供给侧结构性改革，完善政策促进体系，发挥服务贸易创新发展试点的示范作用，尤其是促进服务贸易自由化和便利化等措施，进一步优化营商环境，服务贸易实现稳步增长，结构持续优化，国际竞争力不断增强，企业自主创新能力和国际化经营水平显著提升，对外贸转型升级和服务业国际化发展的带动作用更加突出，在稳外贸、稳外资、稳投资、稳就业中发挥了重要促进作用。

服务贸易以其科技含量高、附加值大、资源消耗低、环境污染小、吸纳就业能力强等多项优势，成为摆脱当前外贸困境的重要突破口。以习近平新时代中国特色社会主义思想为指导，全面贯彻党的二十大和二十届二中、三中全会精神，全面贯彻新发展理念，2024 年 9 月，国务院办公厅印发《关于以高水平开放推动服务贸易高质量发展的意见》，指出要加快对外经济发展方式的转变，形成以技术、品牌、质量、服务为核心的出口竞争优势，进一步促进加工贸易转型升级，发展服务贸易以推动对外贸易平衡发展。

习近平总书记多次在中央经济工作会议上强调要"增强服务业出口能力，加快形成出口竞争新优势""中国已经确立了服务贸易战略地位，以此作为经济发展的战略重点"，并明确提出"将着力扩大服务贸易的规模""大力促进服务领域相互投资""构建公平竞争的服务贸易市场环境""推动国际服务贸易自由化和便利化"。发展服务贸易要在扩大开放、转变经济发展方式、平衡对外贸易中发挥巨大作用。目前，全球经济竞争的重点从货物贸易转向服务贸易，全球服务业产值占世界经济总量的 70%，服务贸易占全球贸易总额的 20%，服务贸易已经成为全球经济增长的新动力和价值提升的新引擎，服务业与服务贸易的发展水平已成为衡量一个国家现代化水平的重要标志之一。

近年来，我国加快构建开放型经济新体制，深入推进服务贸易创新发展，服务贸易发展基础日益牢固，其在国民经济中的作用进一步提升，日益成为对外贸易发展的新引擎、对外开放深化的新动力。2020 年，我国服务进出口为 6617.2 亿美元，规模保持世界第二位，全球占比提升至 6.9%；其中，服务贸易出口 2806.3 亿美元，比 2015 年增长 28.4%，年均增速 5.1%，高于全球 5.3 个百分点；服务贸易进口 3810.9 亿美元，比 2015 年下降 12.5%；服务贸易逆差 1004.6 亿美，比 2015 年下降 53.7%①。在全球格局中，我们正面对前所未有的巨大变革，这不仅体现在国际力量对比的显著变动上，更显著地反映在新一轮科技革命和产业革命的蓬勃发展中。当前，我国已成功步入高质量发展的新时期，服务贸易在此进程中越发凸显其重要性，成为塑造新发展格局、促进国际合作与竞争新态势的关键驱动力。

陕西在"一带一路"倡议的推动下，服务贸易领域迎来了空前的成长契机。在这一背景下，陕西服务贸易总额持续攀升，结构不断向更优化的方向调整，展现出一系列引人注目的成就与优势，为地区经济的繁荣注入了新的活力。

2022 年，陕西省政府发布了《陕西省人民政府办公厅关于印发"十四五"数字经济发展规划的通知》，提出了加快培育具有陕西特色的数字经济体系，营造加快数字经济发展的政策体系和制度环境，构建现代化经济体系，引领高质量发展的目标。陕西在数字化转型上已取得显著成效，截至 2021 年底，已建设完成 1.9 万座 5G 基站，打造了 16 个 5G 应用示范场景及 22 个数据中心，物联网终端用户数量高达 2766.7 万户，同时，全省城市社区和行政村均实现了光纤与 4G 网络的全面覆盖②。不仅如此，陕西在数字基础设施升级、产业结构优化、惠民服务提升以及丝绸之路数字化探索等多个领域均取得了令人瞩目的进展。为进一步推动产业数字化，西安明确了"高精尖缺"的发展方向，将服务贸易创新发展与秦创原创新驱动平台相结合，积极鼓励全市 54 个服务业聚集区深化数字技术应用，利用数字技术优化贸易全流程，从而培育出更具国际竞争力和合作潜力的新优势。陕西已制定了到 2025 年的发展蓝图，计划将数字经济核心产业增加值占地区生产总值的比重提升至超过 10%，并显著提升数字产业化和产业数字化水平，确保在西部地区保持领先的整体发展水平。

① 资料来源：中国（陕西）国际贸易单一窗口，https：//www.singlewindow.shaanxi.cn。
② 陕西省人民政府.陕西省人民政府办公厅关于印发"十四五"数字经济发展规划的通知［EB/OL］.http：//www.shaanxi.gov.cn/zfxxgk/zfgb/2022/d19q/202211/t20221110_2263736_wap.html.

目前，包括全球技术服务平台、通丝路金融服务平台、中欧班列数字金融服务平台、文化出口服务平台、地理信息综合服务平台、中医药服务促进平台等在内的各类服务贸易促进平台，正在为西安企业提供政策法规、风险预警、国际结算、项目发布等一站式、全流程服务。数字技术激活服务贸易发展新动能。从规模总量上看，陕西服务进出口总额从 2021 年的 64.84 亿美元增长至 2022 年的 72.97 亿美元，增速达到 12.54%①。

优先发展服务贸易是推动经济转型升级和高质量发展的重要举措。根据《中共中央关于制定国民经济和社会发展第十四个五年规划和二〇三五年远景目标的建议》《中华人民共和国国民经济和社会发展第十四个五年规划和 2035 年远景目标纲要》《"十四五"商务发展规划》等重要文件编制的《"十四五"服务贸易发展规划》，阐明了新时期服务贸易发展的方向和任务以及政府的工作重点，不仅要积极引导市场主体行为，还要以服务构建新发展格局作为发展服务贸易的主要方向，以推动高质量发展为主题，以供给侧结构性改革为主线，明确服务贸易"十四五"时期发展目标，即贸易规模进一步扩大，贸易结构进一步优化，竞争实力进一步增强，制度环境进一步改善。同时，商务部将持续推进服务贸易改革、开放、创新，重点从以下几方面展开工作：

一是会同有关部门扎实推进实施《"十四五"服务贸易发展规划》，落实好各项任务举措。

二是推动出台一批新的政策措施，大力促进数字贸易、技术贸易、对外文化贸易高质量发展。

三是探索服务贸易制度型开放路径，推动出台全国版跨境服务贸易负面清单。

四是持续推进服务贸易创新发展试点各项政策举措落地见效，总结推广更多制度创新成果。

五是遴选试点成效显著的地区，升级建设国家服务贸易创新发展示范区，大力发展数字贸易，打造数字贸易示范区，促进科技、制度双创新。

六是推进特色服务出口基地提质升级扩围，完善基地管理制度和促进体

---

① 资料来源：《陕西省统计年鉴》。

系，落实支持基地发展的各项政策措施。统筹推进服务贸易深化改革与扩大开放，促进要素流动型开放与制度型开放相结合、"边境上"准入与"边境后"监管相衔接，努力形成全球资源要素强大引力场，推动构建更高水平开放型经济新体制。

除各项国家政策规划和支持外，国家近年来采取了一系列措施不断深化服务贸易的创新发展。自2016年国务院批复同意开展服务贸易创新发展试点以来，我国已先后启动实施三轮服务贸易创新发展试点，深入推进试点示范带动改革创新，试点地区拓展至28个，先后有4批经验案例推广到全国，各试点地区主动创新，探索服务贸易发展新机制、新模式、新路径，有力地推动了服务贸易创新发展，试点工作取得积极成效：一是拓展市场机遇，全面扩大开放促进形成大市场，推动形成以国内大循环为主体、国内国际双循环相互促进的新发展格局，为广大境内外服务提供者创造更广阔的市场空间；二是创新发展机遇，数字贸易、版权交易、在线教育等新兴服务出口成为新增长点，生产性服务业通过离岸外包和保税研发、保税检测等渠道更紧密并高效嵌入全球产业链供应链，吸引境内外资源要素更充分投入新业态新模式；三是国际合作机遇，试点为中国及"一带一路"等伙伴深化服务贸易合作提供了更广阔的空间。可以说，试点既促进中国服务贸易高质量发展，也将为全球服务贸易发展注入新动能。

为加速并优化我国服务贸易的深化改革，国家正全力推进自由贸易试验区（FTA）与国家高新技术产业开发区（HTZD）的建设。FTA的设立，作为改革开放重要战略部署，具有划时代的意义，在我国改革开放的历史进程中占据了重要地位。此举措紧密跟随党中央、国务院的决策部署，以制度创新为引擎，充分发挥改革的突破和引领作用，加快构建以国内大循环为主体、国内国际双循环相互促进的新发展格局。为此，国家出台了《关于推进自由贸易试验区贸易投资便利化改革创新的若干措施》，旨在进一步简化贸易投资流程，为服务贸易的繁荣发展创造有利条件。

同时，依据《关于促进国家高新技术产业开发区高质量发展的若干意见》，我国提出到2035年建成一批具有全球影响力的高科技园区，推动主导产业融入全球价值链中高端，实现园区治理体系和治理能力的现代化①。经过多年的建设与发展，在政策的有力支撑和指导下，国家高新区已成为我国国民经济发展的重要引擎和增长点。2018年，国家高新区GDP总量达到11.1万亿元，同比增长10.5%，占全国GDP的12.3%，增速远超全国平均水平②。这些高新区内的企业研发经费占全国企业研发经费的近半，高新技术企业数量占全国总量的1/3以上，有效发明专利数量也占据全国总量的1/3。据商务部门统计，2021年全国169家国家高新区GDP总量达到15.3万亿元，同比增长12.8%，占全国GDP的13.4%③，同时，这些高新区的劳动生产率高达36.6万元/人，是全国平均水平的近3倍，彰显了其在推动经济发展、提高生产效率方面的显著作用。

为继续推进服务贸易改革、开放与创新，2020年国务院原则同意商务部提出的《全面深化服务贸易创新发展试点总体方案》（以下简称《方案》），同意在28个省市（区域）开展为期3年的全面深化服务贸易创新发展试点。陕西将通过全面深化试点，有序推进服务贸易深层次改革。通过全面深化试点，有序推进服务贸易深层次改革。进一步优化营商环境，加快服务业国际化发展步伐，增强市场主体创新能力，实现服务贸易高质量发展。截至2023年底，服务贸易规模不断扩大，服务贸易结构持续优化，知识密集型服务贸易业务占比达到15%。服务质量和竞争力显著提升，重点培育和发展20家以上有影响力的知名服务贸易企业。服务贸易基础建设持续完善，打造8~10家服务贸易集聚发展示范区，推动服务贸易发展提速、比重提高、层次提升。服务业开放程度不断加大，吸引一批国际知名企业在西安设立地区总部、研发中心和结算中心等功能性机构，带动服务业转型升级。该《方案》提出，全面探索扩大对外开放，有序拓展开放领域。重点推动陕西软件信息技术服务、装备制造类服务、动漫设计服务、文化旅游服务、物流供应链管理服务、中医药服务出口等服务领域向专业化和价值链高端延伸。

2021年，陕西省人民政府印发《中国（陕西）自由贸易试验区进一步深化

① 国务院关于促进国家高新技术产业开发区高质量发展的若干意见 ［J］. 中华人民共和国国务院公报，2020（21）：9-12.

② https://baijiahao.baidu.com/s? id=1665406700442614059&wfr=spider&for=pc.

③ 贾敬敦，詹媛. 韧性和活力持续显现 ［N］. 光明日报，2022-04-19（005）.

改革开放方案》①，方案中明确发展目标，即经过两到三年改革实践，营商环境的市场化、法治化、国际化水平显著提升，形成更多投资贸易自由化、便利化系统性制度创新成果，与国际投资贸易通行规则相衔接的制度体系更加完善，区域竞争力和要素配置能力明显增强，优势外向型产业加快聚集，与共建"一带一路"国家和组织经济合作及人文交流不断深入，推动形成面向中亚、南亚、西亚国家的通道、商贸物流枢纽、重要产业和人文交流基地，新时代推进西部大开发形成新格局，深度融入"一带一路"建设的重要载体。自贸试验区改革同全省改革的联动更加有效，各项改革试点任务具备条件的在全省推广试验。

陕西省财政从三个方面重点支持服务贸易发展。一是"国字号"基地建设再提速。省财政将大力支持西安和西咸新区深化服务贸易创新发展试点，资金重点用于服务平台生产性设备购置、运营及维护、信息系统、信息安全及知识产权保护；省财政进一步扩大服务贸易容量，如省财政将鼓励康龙化成（西安）新药技术有限公司等企业通过贸易、投资或经济技术合作方式向境外实施专利权转让、专利申请权转让等，扩大国际业务和技术出口力度；对西安奥卡云数据科技有限公司等列入商务部《鼓励进口服务目录》的服务给予贴息支持。二是陕西外包企业竞争力再提升，省财政将支持服务外包企业、培训机构建立完善的培训体系；对培训服务外包人员并与陕西服务外包企业签订1年以上劳动合同的，以及对服务外包企业新录用大学以上学历员工从事服务外包工作的，按一定标准给予补助。三是省财政厅认真贯彻落实省委、省政府要求，加大对服务贸易的支持力度，多措并举提升陕西服务贸易水平，优化外贸发展结构，为对外贸易稳定增长和服务贸易进一步发展作出贡献。

2020年8月，西安获批国家全面深化服务贸易创新发展试点城市后，市政府及时出台《西安市全面深化服务贸易创新发展试点实施方案》，积极推进试点工作任务落实，取得明显成效。在陕西举全省之力推进秦创原创新驱动平台建设的大趋势下，借势省级科创平台秦创原，以科创项目和科创企业为主要抓手，搭建秦创原·陕西省"高能级创新平台、产业孵化转化平台、服务支撑平台"，打造

① 陕西省人民政府. 陕西省人民政府关于印发中国（陕西）自由贸易试验区进一步深化改革开放方案的通知[EB/OL].［2021-3-31］. http：//gxq. yanan. gov. cn/ysfw/yshj/15703843986686208001. html.

"四个高新"战略蓝图。

在全球数字经济的影响下,陕西的出口贸易竞争力面临着新的挑战和机遇,陕西出口贸易近年来呈现递增态势,但增速依旧低于全国平均水平。从国际看,发展环境日趋复杂,经济全球化遭遇逆流,供应链本地化、区域化倾向上升,限制措施由"边境上"向"边境后"转移,服务贸易显性和隐性壁垒增多。从国内看,部分服务领域开放不够,国际竞争力不足,服务供给无法充分满足消费升级和产业转型需要。服务贸易发展不平衡、不充分问题仍然突出,改革深度、创新能力、发展动力仍显不足。

从实地调研与统计数据看,当前,陕西服务贸易发展仍然存在以下问题:

一是市场占有率还有待提升。市场占有率指一个地区的出口总额占全国出口总额的比重,该指标可反映一个地区某产业或产品的竞争力或竞争地位的变化。陕西服务贸易与东南沿海省市相比较,市场占有率还有待提升。

二是服务贸易市场占有率较小,陕西服务出口占全国比重较小,需要进一步扩大发展规模。

三是除软件和服务外包行业以外,涵盖领域较少,金融保险、知识产权、文化娱乐、其他商业服务等数字化交付的知识密集型服务贸易领域涉及较少。

鉴于此,本书通过探索国际服务贸易创新发展前沿领域,全面梳理陕西服务贸易产业结构特征、特色优势板块、产业集聚布局、重点领域等方面的发展现状,剖析存在问题进而明确提出发展思路,为陕西对外贸易发展提供决策参考和政策咨询。

第二节　研究意义

服务贸易又称劳务贸易,指国家与国家之间互相提供服务的经济交换活动。既包括有形的活动,也包括无形活动。服务贸易与货物贸易相比,具有科技含量高、附加值大、环境污染小、解决就业强等优点,对于我国优化产业结构,转变经济增长方式具有重要意义。但由于服务贸易产业的特殊性和复杂性,服务贸易统计数据不全等原因，服务贸易的研究面临很多困难，所以难以深入，其服务贸易理论体系还没有建立。目前对服务贸易的定义，比较一致的看法是按照 WTO 的《服务贸易总协定》的规定：服务贸易是一国的法人或自然人在其境内或进入他国境内提供服务的贸易行为，主要有四种表现形式：跨境服务、境外消费、商业存在和自然人流动①。

在构建新的国际发展格局中，服务贸易占据着不可或缺的关键地位，它是国际贸易的核心组成，也是国际经贸合作的重要舞台。服务业的开放以及服务贸易的繁荣，不仅是各国融入全球经济一体化、积极参与国际竞争合作的主要路径，还进一步促进了各国的共同发展。当前，随着新一轮技术革命和产业变革的加速，制造业与服务业的深度融合趋势越发显著，服务贸易领域的新业态、新模式如雨后春笋般涌现。服务贸易已跃升为驱动全球贸易增长的新动力，为世界经济持续繁荣注入了勃勃生机。在推动全球价值链不断深化和完善的过程中，服务贸易发挥着日益显著的作用。鉴于此，服务贸易已成为各国战略规划的核心内容以及国际经贸规则重构的关键议题。同时，这促使各国重新审视和完善其管理体系、监管机制以及风险防范策略，以应对服务贸易带来的新挑战和新机遇。

在中国经济结构的持续优化升级进程中，服务业的蓬勃发展尤为显著，其规模持续扩张，有力地推动了服务贸易的迅猛增长。特别是在互联网信息技术的引领下，新技术、新业态以及创新的商业模式层出不穷，使服务产业的智能化、专业化水平显著提升，这些变革共同构成了产业组织的新趋势。因此，新型服务业正迎来前所未有的历史发展机遇。在服务业发展的带动下，近年来，服务贸易增速远远高于货物贸易，服务贸易正逐步成为中国各地区外贸增长的新亮点。近年来，我国服务贸易保持平稳较快发展，贸易结构逐步优化，已成为我国对外贸易

---

① 跨境服务：是指服务的提供者在一成员方的领土内，向另一方成员领土内的消费者提供服务的方式，是以两个国家（地区）成员不离开本土为前提条件。

境外消费：是指服务提供者在一成员方领土内，向来自另一方成员的消费者提供服务的方式，是以一个国家（地区）成员离开本土到其他国家消费为前提。

商业存在：是指一成员方的服务提供者在另一成员领土内设立商业机构，在后者领土内为消费者提供服务的方式，是以一个国家（地区）成员到其他国家设立商业行为机构为前提条件。

自然人流动：是指一成员方的服务提供者以自然人的身份进入另一个成员方的领土内提供服务的方式，是以自然人的身份到他国提供服务为前提条件。

增长的新引擎，但国际竞争力仍明显不足，新兴贸易与高端服务亟待发展。在当前的新发展格局下，我国正积极推动服务业的蓬勃发展，并致力于提升服务贸易的国际竞争力，这不仅是培育国际竞争新优势的核心举措，更是释放经济增长新动能的关键所在。服务业的兴盛不仅能够有效提升制造业的竞争力和价值链地位，更为我国参与国际经贸合作、制定高标准国际经贸规则奠定了坚实基础。这一战略部署对于我国在新时期实现高质量发展具有举足轻重的意义。

当前服务业的国际布局和转移活动日益频繁，在这种背景下，服务贸易已经成为国民经济增长的关键推动力。与此同时，通过服务创新来提高服务贸易竞争力已经成为各国努力追求的方向，服务创新不仅可以直接提高服务产品的市场竞争力，而且可以促进服务贸易结构的优化升级，为服务经济开辟新的增长路径。服务创新有利于在国际市场上构筑竞争优势，为经济发展和服务创新提供重要的资金和知识。大力推进并提高服务贸易整体竞争力，已成为全球经济发展的突出趋势。世界已经进入服务经济时代，随着经济全球化的深入，服务业及其贸易在全球经济版图和贸易体系中的地位不断上升，并表现出越来越重要的影响。当前，我国经济正处于迈向高质量发展的关键转型期，故而，加速服务业的蓬勃兴起，并着力增强服务贸易在全球范围内的竞争优势，不仅是顺应时代发展趋势的必然选择，更是驱动我国经济结构转型升级、价值提升，以及实现长期可持续发展的重要战略举措。这一过程中，服务贸易的繁荣将成为经济增长的新引擎，为经济社会的全面发展注入强劲动力。

服务贸易是我国扩大开发、拓展发展空间和释放增长新动能的重要着力点，有利于"稳增长、稳就业"。在当前形势下，加快服务业开放和服务贸易发展将有力支持"稳外贸、稳外资"。此外，加快发展服务型贸易，不仅是我国促进经济结构调整、提供发展质量和效率、加快外贸转型升级和释放增长新动能的重要支撑，也是我国提升制造业国际竞争力、培育国际竞争新优势的关键环节，对我国迈向价值链高端、实现经济高质量发展具有举足轻重的作用。

服务创新在提升服务贸易竞争力方面的重要价值已获得国家层面的广泛关注。为了推动外贸转型及加强服务业的国际竞争力，国务院常务会议于 2016 年 2 月决定，在我国 15 个省市（区域）实施服务贸易创新发展试点。这一全面深化的试点策略带来三大机遇：

首先，市场拓展的机会将出现，通过实施更广泛的开放战略，我们将构建前所未有的市场体系，构建以国内流通为核心的新发展模式，同时促进国内和国际流通的相互促进，这些模式将为国内外服务提供商创造更大的市场舞台，提供无限的机会。

其次，数字商务、新兴服务出口领域如版权交易与在线教育等正崭露头角，成为推动经济增长的强劲新动力。与此同时，生产性服务业凭借离岸外包、保税研发及保税检测等多元化策略，更加紧密且高效地嵌入全球工业价值链与供应链的各个环节中，促进了资源的优化配置与国际合作的深化，为经济的全球化发展注入了新的活力。这一趋势不仅促进了资源的优化配置，也有力地推动了国内外各种要素以新的形式引发了行业的可持续发展和创新。

最后，国际合作机遇的拓展也将成为亮点。该试点项目为中国与共建"一带一路"国家及其他合作伙伴之间深化服务贸易领域的合作开辟了更加宽广的合作空间，其意义深远。这一举措不仅预示着中国服务贸易将迈向更高质量的发展阶段，同时为全球服务贸易的繁荣注入了新的生机与活力，共同推动全球服务贸易体系的持续发展与创新。

"十四五"期间确立了以创新为先导的发展政策，作为服务贸易改革开放的核心动力，经过三次精心策划的试点实践，各地积极研究制度创新和政策进步，这些创新和政策不仅推动了服务业开放的边界，也明显促进了服务贸易自由化和便利化的进程。同时，这些努力优化了服务贸易管理体制，"简化了行政机构，提高了权力质量"，深化了服务贸易的创新模式和新的发展，在创造营商环境等方面取得显著成效。

创新发展政策已成为"十四五"时期深化服务贸易改革开放的重要抓手，随着三轮试点的有序推进，各试点地区经过制度探索、政策创新及先行先试，在进一步扩大服务业开放、促进服务贸易自由化便利化、完善服务贸易管理体制、深化"放管服"改革、培育服务贸易新业态新模式等方面取得积极成效，服务贸易创新发展的体制环境和营商环境不断得到改善。现实经济的发展形势，迫切需要理论加强研究通过服务创新提升各地区服务贸易竞争力。因此，本书具有重要的现实意义。

陕西作为西北开发区的领军者，其在服务贸易领域的高质量发展和创新探索对于整个西北地区而言，具有举足轻重的战略价值。对于陕西服务贸易创新发展的深入研究，不仅可以从国际服务贸易创新的前沿领域吸取经验，为本地服务贸易的创新发展提供重要参考，同时通过比较国内各自由贸易试验区在服务贸易创新发展方面的现状，可提炼出各区域成功的做法和策略。此外，对陕西服务贸易的产业结构特征、特色优势领域、产业集聚布局以及关键发展领域进行全面梳理，深入分析存在的问题，并据此明确提出发展策略，对于推动陕西对外贸易的繁荣和经济的持续发展具有极其深远的意义和重大影响。

第三节　研究内容

本书的研究内容主要有六个方面，具体而言：

第一，整理陕西省服务贸易发展的现状和基本情况。经过综合采用实地调研、问卷调查、文献回顾以及比较分析等多种研究方法，我们对陕西服务贸易的发展现状进行了全面且深入的探索。在充分把握其发展现状的基础上，我们能够精准地识别出存在的关键问题，进而有针对性地设计解决方案和创新策略。这一过程是陕西发展改革与商务局在深化服务贸易创新发展课题研究中不可或缺的基石，确保了研究的系统性和实效性。

第二，探索国际服务贸易创新发展前沿领域，为陕西区域服务贸易创新发展提供借鉴。发展规则是服务贸易创新发展的界限，变化趋势是服务贸易创新发展的方向，对国际服务贸易创新发展规则和趋势的清楚认知，可以帮助我们对陕西服贸改革有更好的判断与把握。

第三，分析讨论陕西推进服务贸易创新发展的特征和趋势，在了解陕西服务贸易发展现状的基础上，全面分析陕西创新发展服务贸易的基础条件，通过推进服务贸易创新发展的特征和趋势，找出陕西发展创新服务贸易的利弊，并进一步梳理陕西服务贸易产业结构特征、特色优势板块、产业集聚布局、重点领域等方面的发展现状，有利于进一步剖析存在问题，进而明确提出发展思路。

第四，实施陕西服务贸易发展现有的竞争力和开放度评价。结合国内服务贸易发展趋势、国家及省市发展规划、外部环境、内部特点等因素进行研判，对陕西服务贸易发展竞争力和开放度评价，对存在的问题及挑战进行深入分析，并采用科学的方法找出问题形成的原因。竞争力和开放度评价是陕西发展改革和商务局深化服务贸易创新发展课题研究的必要步骤。

第五，明确陕西推进服务贸易创新发展重点突破的领域。研究重点围绕优化陕西服务贸易的发展环境基础工作、服务贸易企业开展自主创新和国际合作方案、扩大陕西特色产业的全球影响力等问题并形成研究报告。这是陕西发展改革和商务局深化服务贸易创新发展课题研究的重中之重和关键所在。

第六，提出推进服务贸易创新发展的管理体制改革及政策支持体系。结合陕西服务贸易发展突破的重点领域，进一步分析探讨服务贸易创新发展的管理体制改革及政策支持体系，针对促进陕西服务贸易发展制订的行动实施计划，在体制改革和政策体系方面给出相关对策及建议。这是陕西发展改革和商务局深化服务贸易创新发展研究终极目标。

第四节 研究方法

一、文献研究法

本书收集了大量的相关文献资料与相关政策，包括国家有关服务贸易创新发展和政策规划，如《中共中央关于制定国民经济和社会发展第十四个五年规划和二〇三五年远景目标的建议》《中华人民共和国国民经济和社会发展第十四个五年规划和2035年远景目标纲要》《"十四五"商务发展规划》《"十四五"服务贸易发展规划》《关于推进自由贸易试验区贸易投资便利化改革创新的若干措施》《中国（陕西）自由贸易试验区进一步深化改革开放方案》《中国（陕西）自由贸易试验区提升战略行动方案（2024-2027年）》以及西安市商务局和西安市财政局印发的《西安市加快推进新时代对外开放支持政策项目申报指南》等。同时，还有陕西发展的相关新闻报道，获取第一手的发展资料，了解陕西服务贸易发展的宏观背景和政策支撑。

二、实地调研法

研究小组采取了线下驻点与线上调查相结合、实地走访与电话问卷相结合的调研方法,对陕西各服务贸易企业发展现状、服务贸易产业结构特征、特色优势板块、产业集聚布局、重点领域等方面的发展现状进行全面梳理,进而剖析发展瓶颈、明确发展思路。

所做的调研工作主要包括:①搜寻并筛选陕西服务贸易企业名录,并按照其主营业务统计分类;②小组成员在陕西省管委会商务局驻点,以便了解最新发展情况并协助商务局完成报告等任务;③小组成员在老师的指导下制作全面详细的调查问卷,便于发放给企业进一步了解其发展状况;④致电陕西省商务厅与服务贸易协会,获取陕西省服务贸易发展状况的相关信息;⑤在课题组带领下实地走访陕西部分服务贸易企业,包括几家陕西服务贸易示范企业与50家服贸相关企业,通过实地访谈与发放800份调查问卷的途径获取最真实的数据;⑥电话访谈,向他们了解企业发展状况和困境等问题;⑦通过可获取的联系方式与陕西部分服务贸易企业相关负责人联系,再通过邮箱或微信聊天的方式发放电子调查问卷,分析问卷统计结果进一步探究服务贸易实际发展的情况。

三、统计分析法

统计内容包括但不限于问卷调查结果、调研走访所获取资料、已报道的新闻资讯、政府部门印发的各号文件、企业查询目录、与服务贸易发展和服务贸易创新相关期刊和文献等,通过对调研数据进行分类整理,建立数据库,制作相应的图表,便于进一步分析存在的问题和对应的解决方案。

第五节　研究思路框架

本书研究的框架如图1-1所示。

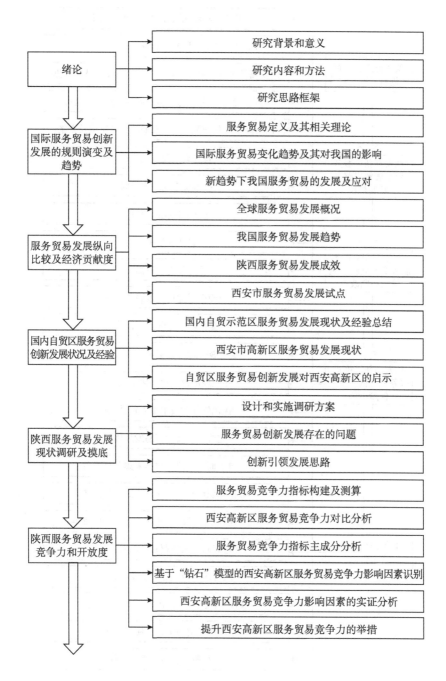

图 1-1　研究思路

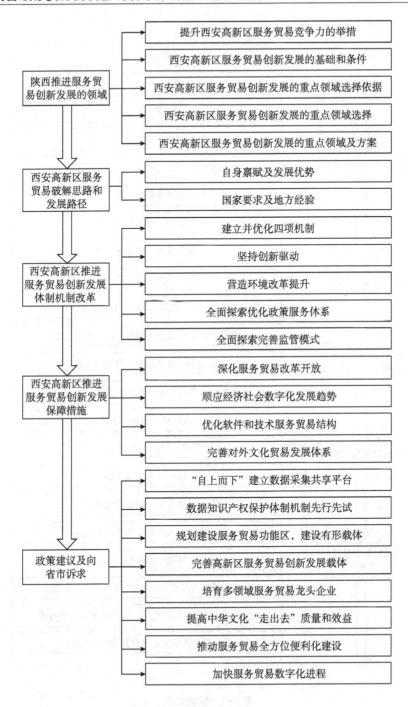

图 1-1　研究思路（续）

第二章　国内外服务贸易发展概况

第一节　全球服务贸易业发展概况

服务贸易是国际贸易中最具活力的部分，已成为外贸增长的新引擎。2022 年，世界服务贸易走出低迷态势，据世界贸易组织（WTO）统计，2022 年全球服务出口 71270.6 亿美元，同比增长 14.8%，占全球货物和服务贸易出口总额的 22.3%，占比较上年提高 0.5 个百分点[①]。

从细分领域观察，全球旅行服务出口展现出强劲的复苏态势。随着全球范围内人口流动限制的逐步放宽，跨境旅游活动实现了显著增长。具体而言，2022 年，全球旅行出口总额达到了 11157.8 亿美元，实现了 74.8% 的同比增长，已恢复至疫情前水平的 75.1%，在全球服务出口总额中占据 15.7% 的份额，相较于上一年度，这一比例上升了 5.4 个百分点。

另外，全球可数字化服务出口的增长速度有所放缓。受汇率波动及前期高增长基数的共同影响，2022 年全球可数字化服务出口总额为 40707.2 亿美元，同比增长率仅为 3.4%，相较于上年度下降了 12.2 个百分点，在全球服务出口总额中的占比降至 57.1%，下降了 6.3 个百分点。

[①]　中研网，https：//www.chinairn.com/hyzx/20240607/151113835.shtml。

从国家层面来看，服务进出口领域的前十大国家依旧在全球市场中占据主导地位，但整体占比略有下降。2022 年，这些国家包括美国、中国、德国、英国、爱尔兰、法国、印度、新加坡、荷兰和日本，其服务进出口总额累计实现 75697.1 亿美元，实现了 11.9%的年度增长率，占全球服务进出口总额的 55.1%，但占比相较于上年度下降了 1.4 个百分点。

值得注意的是，美国、英国和印度的服务进出口增长尤为显著。美国服务进出口总额达到 16252.4 亿美元，同比增长 19.5%；英国紧随其后，服务进出口总额为 8115.1 亿美元，同比增长 13.4%；印度则表现出强劲的增长势头，服务进出口总额达到 5589.0 亿美元，同比增长 28.1%，其中服务出口增长 28.6%，服务进口增长 27.3%。

从增加值来看，服务贸易对全球贸易重要性明显提升。根据 UNCTAD 的数据，以传统贸易总额的计算方法，服务占全球出口总额的 24%，但以增加值核算方法计算的服务出口，占全球贸易出口的比重几乎一半（46%）。从国家层面看，美国出口商品中 50%以上的增加值来自服务业，部分欧洲国家高达 70%。不仅如此，由于传统贸易统计数据不能完全反映服务贸易规模，现有服务贸易往往被低估。根据麦肯锡的研究报告①，货物贸易中大约 1/3 的价值归功于服务业；在所有产业链中都存在以进口服务替代国内服务的趋势；跨国企业向遍及全球的子公司提供各项资源也蕴含着软件、品牌、设计、运营流程等无形资产。若将这些包含在内，服务贸易规模将大幅度提升，在价值链增加值中的占比将超过一半的水平。

第二节　我国服务贸易业发展概况

中国服务贸易在总量上延续增长态势，继续保持发展中经济体服务贸易最大

---

① 麦肯锡全球研究院. 变革中的全球化：贸易与价值链的未来图景［EB/OL］. https：//www.mckinsey.com/featured-insights/innovation-and-growth/globalization-in-transition-the-future-of-trade-and-value-chains.

出口国地位。2022 年，中国服务贸易虽然受到各方面外部环境的冲击，但仍实现两位数增长，展现出较强的增长势头。2022 年，中国的服务贸易领域实现了显著增长，全年服务贸易进出口总额逼近 6 万亿元大关，与上一年度相比，实现了 12.9% 的稳健增长。具体而言，服务贸易出口方面表现不俗，总额达到约 2.9 万亿元，同比增速为 12.1%，显示出强劲的出口实力。同时，服务贸易进口呈现出活跃态势，总额约为 3.1 万亿元，同比增长率达到 13.5%，进一步彰显了国内市场对服务贸易需求的旺盛。旅行服务贸易总体呈现恢复态势，全年旅行服务贸易进出口额为 8559.8 亿元，同比增长 8.4%。此外，2022 年，中国知识密集型服务进出口稳定增长，知识密集型服务贸易进出口额约为 2.5 万亿元，同比增长 7.8%，其中，知识密集型服务贸易出口额约为 1.4 万亿元，同比增长 12.2%；出口增长较快的领域是知识产权使用费，电信、计算机和信息服务，分别增长 17.5%、13%；知识密集型服务贸易进口额为 10907.7 亿元，同比增长 2.6%；进口增长较快的领域是保险服务，增速达 35.8%[①]。

从整体实力看，我国服务贸易存在巨大的发展潜力。与中国服务业的快速发展和日益增强的竞争力相比，中国服务贸易目前的进展仍然不足。表明该领域具有非常广阔的发展领域和巨大的未来探索潜力。1982～2022 年，中国服务贸易占对外贸易比重远低于欧美日等发达国家，低于世界平均水平 9 个百分点左右。2022 年，中国服务贸易额仅为排名第一的美国的 53%，服务贸易在对外贸易总额中的占比是 12.1%，低于全球 20.7% 的水平。尽管从规模上中国已经是全球第二大服务贸易国，但长期以来一直存在服务贸易逆差。中国服务贸易逆差以年均 31.8% 的增速从 2005 年的 55 亿美元增长到 2022 年的 2611.5 亿美元。

从服务外包看，中国服务外包大国地位稳固。在示范城市不断扩围和引领带动下，服务外包产业发展达成了广泛共识，产业规模持续扩张，产业结构不断优化，稳居全球第二大服务外包承接国。2019 年，服务外包产业总规模突破 1 万亿元，2020 年离岸服务外包业务规模突破 1000 亿美元，2021 年全年，中国离岸服务外包合同金额历史性跨越万亿元大关，业务版图扩展至全球超过 200 个国家和

① 李小牧等．服务贸易蓝皮书：中国国际服务贸易发展报告（2023）［M］．北京：社会科学文献出版社，2023.

地区，为"十四五"规划的实施奠定了坚实且鼓舞人心的基础。随着数字技术与各垂直行业的深度融合加速，在岸发包业务展现出强劲的潜力释放趋势，离岸与在岸业务间的协同发展日益紧密，共同推动产业生态的均衡与繁荣。同时，新兴业态与模式层出不穷，数字化转型步伐加快，高端服务领域的发展态势尤为强劲，预示着行业正朝着更高质量、更高效率的方向迈进。具体而言：

（1）从产业规模的视角看，2021年，中国企业在服务外包领域的表现极为亮眼，全年承接金额高达21341亿元，实现了25.4%的年度增长率；而实际执行金额也达到了14972亿元，同比增长了23.6%，显示出强劲的增长动力。尤为值得关注的是，离岸服务外包合同额首次跨越万亿元门槛，具体数值为11295亿元，执行额达到8600亿元，分别实现了16.0%和17.8%的同比增长，彰显出离岸业务蓬勃发展的态势。此外，离岸服务外包业务在结构、区域布局以及国际市场开拓等方面展现出优化与升级的积极变化。

（2）在业务结构层面。在中国，离岸服务外包行业正展现出多元化与蓬勃发展的态势，显著体现在信息技术外包（ITO）、业务流程外包（BPO）及知识流程外包（KPO）三大核心板块的强劲执行力上。具体而言，ITO板块的执行金额达到了3631亿元，BPO板块紧随其后，实现了1308亿元的规模，而KPO板块则达3661亿元，三大板块分别实现了13.3%、11.1%和25.3%的年度增长，彰显了其在高附加值服务领域的崛起。这一多元化发展格局不仅体现了中国企业在全球服务外包市场中的竞争力提升，也预示着行业向更高层次、更宽领域迈进的趋势。在此宏观环境下，离岸服务外包业务的多个细分领域展现出令人瞩目的增长活力，包括但不限于管理咨询服务的迅速扩张、工程机械维修保养服务的显著增强、新能源技术研发服务的蓬勃兴起、电子商务平台服务的持续繁荣、信息技术解决方案服务的深度应用、工业设计服务的创新飞跃，以及医药与生物技术研发服务的突破性进展，它们的增速分别高达141.8%、93.9%、90.4%、43.3%、41.2%、37.7%和24.7%，充分展示了中国企业在这些领域的强大竞争力和市场潜力。

（3）在区域布局层面。在全国范围内，服务外包产业呈现繁荣景象，尤以37个服务外包示范城市在离岸业务上表现得尤为亮眼。这些城市合力承揽的离岸服务外包合同总额高达9591亿元，而实际执行并完成的交易额则达到了

7336亿元，这两项数据分别占全国总量的84.9%和85.3%。这一成绩不仅彰显了我国服务外包行业的强大竞争力，也预示着该领域持续深化发展、不断突破的创新趋势，凸显了这些城市在服务外包行业的核心地位。当我们深入聚焦于长三角区域时，发现该区域在离岸服务外包领域具有举足轻重的地位。其承接的离岸服务外包合同总额攀升至5100亿元之巨，而实际完成的执行额高达4022亿元，两项数据分别占据了全国总量的46.0%和46.8%，彰显了长三角区域在服务外包领域的强劲实力与集聚效应。

（4）在国际市场层面。中国在承接国际离岸服务外包方面展现出多元化与均衡发展的特点。具体而言，中国在离岸服务外包领域与美国、中国香港及欧盟的合作成果斐然，具体表现为从三者承接的执行额分别达到1994亿元、1456亿元和1154亿元。这三者的合计执行额构成了中国离岸服务外包执行总额的半壁江山，达到53.5%，并且各自实现了显著增长，增速分别为28.6%、21.5%和18.6%，不仅彰显了中国在全球服务外包市场中的重要地位，也体现了中国与这些关键市场之间紧密的合作关系与互利共赢的发展态势。此外，中国不断深化与共建"一带一路"倡议国家的战略协作，在此框架下，承接的离岸服务外包合同额稳健增长至2261亿元，实际执行额达到了1616亿元，增速分别为25.7%和18.7%，标志着与这些国家的合作迈上了新台阶，展现了中国服务外包产业在国际化道路上的持续拓展与深化，进一步拓展了中国服务外包业务的国际市场版图。

（5）在企业性质层面。在离岸服务外包领域，民营企业表现得尤为亮眼，其承接的执行额达到了2320亿元，占据了全国总量的27.0%，并实现了27.1%的年度增长。这一增速不仅显著，还超出了全国平均增速9.3个百分点，彰显了民营企业在服务外包市场中的活力与竞争力。与此同时，外商投资企业也发挥了重要作用，其承接的离岸服务外包执行额高达3700亿元，占据了全国总量的43.0%，虽然同比增速为16.1%，略低于民营企业的增速，但仍展现出外商投资企业在中国服务外包市场中的稳定贡献与持续增长潜力。

（6）在吸纳就业层面。截至2022年底，中国服务外包产业在就业领域实现了显著增长，累计吸纳了1395万名从业人员，与上年相比，这一数字增长了8%，显示出行业的蓬勃活力。尤为值得关注的是，从业人员中具备大学及以上学历的比例高达 64.3%，达到 898 万人，体现了服务外包产业对高素质人才的需求与吸引力。此外，2022 年，该产业新增了 104 万名从业人员，为市场注入了新鲜血液与更多发展动力。

第三节 陕西服务贸易发展成效

近年来，陕西发挥服务外包示范城市辐射带动作用，积极推进服务贸易创新发展试点。在培育发展服务外包新业态和新模式，优化示范园区产业布局，完善产业发展环境，强化政策资金扶持，大力引进和培育知名龙头企业等方面加速推进服务外包产业转型升级。2022 年，全省服务外包产业实现了快速增长，成效显著，主要呈现出以下特点：

（1）结构逐渐优化，近三年稳步发展。2022 年，全省服务外包合同额 25.4 亿美元，同比增长 13.2%。2021 年，全省离岸合同执行额 8 亿美元，较上年下降 10.7%，占合同额的 31.4%。其中，离岸合同执行额 6.4 亿美元，占执行额的 28.7%，增长 7.8%。2022 年服务外包业务执行金额出现了增长的良好态势。

（2）产业结构优化进展显著，高附加值业务比重上升。目前，陕西服务外包业务已涵盖信息技术研发、运营和维护、新一代信息技术开发应用、内部管理、业务运营、维修维护、商务、设计、研发等服务外包领域，实现了信息技术外包（ITO）、知识流程外包（KPO）和业务流程外包（BPO）领域的全覆盖。

（3）服务外包企业稳步发展，实力不断提升。坚持"引""育"相结合，支持市场主体发展壮大，大力培育服务外包龙头企业。针对重点服务外包企业开展"一对一"服务，为企业提供政策、融资、招聘等多方位支持。各服务外包企业坚持离岸与在岸并重，积极拓展国内外市场，扩大业务规模。

（4）共建"一带一路"国家业务发展稳步，推动高质量发展。从全球来看，2022 年，陕西承接离岸外包业务的国别市场已达 73 个国家和地区，业务来源国家更加广泛。

第四节　西安服务贸易发展试点

2020 年 8 月，西安获批国家全面深化服务贸易创新发展试点城市后，按照商务部统一部署，在陕西省委、省政府的坚强领导下，西安认真落实《全面深化服务贸易创新发展试点总体方案》要求，立足自身实际，全方位、多层次、宽领域推动服务贸易创新发展工作，较好地完成了各项试点任务，服务贸易实现了高质量发展，成为构建内陆开放新高地的重要支撑和服务国家战略的有力抓手。

基于商务部服务外包与软件出口信息管理系统的最新数据，2022 年，西安服务外包领域取得了显著进展，其合同总金额攀升至 38.2 亿美元，较上年实现了 49.56% 的强劲增长。同时，实际执行金额也达到了 26.5 亿美元，标志着 16.77% 的年度增长率。在离岸服务外包方面表现得尤为突出，合同额跃升至 17.1 亿美元，年度增幅高达 115.5%；而执行层面，实现了 9.66 亿美元的交易额，同比增长 48.85%，充分显示了该领域的高速扩张态势。

（1）在服务外包的业务版图中，知识密集型服务占据了至关重要的核心地位。详细剖析 2022 年西安服务外包合同总额构成，信息技术外包（ITO）以高达 24.6 亿美元的规模脱颖而出，占据了 64.41% 的市场份额，彰显了其在行业中的主导地位。与此同时，业务流程外包（BPO）表现不俗，以 5.8 亿美元的规模紧随其后，占据了 15.26% 的份额。而知识流程外包（KPO）更是以 7.74 亿美元的贡献，占比 20.28%。在执行层面，ITO 继续主导，实现 17.49 亿美元的执行额，占比 65.89%；BPO 执行额为 3.91 亿美元，占比 14.75%；KPO 则以 5.12 亿美元的执行额占据了 19.30% 的比例。这一数据格局清晰地表明，以软件信息服务和研发设计为代表的知识密集型服务外包业务，已经构成了服务外包领域的主要支柱，不仅彰显了行业向更高附加值领域转型的趋势，也有效地促进了服务外包业务的整体升级与结构优化，转型升级的成效显著。

（2）在积极进军包括 RCEP 在内的广阔国际市场的征途中，西安取得了令人瞩目的成就。2022 年，西安服务外包合同的离岸来源地呈现出显著的多元化特征，其中瑞典以 4.7 亿美元的贡献值位居榜首，新加坡紧随其后贡献 3.09 亿美元，美国则以 2.88 亿美元的成绩位列第三，共同绘就了西安服务外包业务国际布局的丰富图景。转至实际执行层面，新加坡以 3.06 亿美元的完成额领跑，美国以 2.04 亿美元紧随其后，而日本则以 1.06 亿美元的实绩跻身前三。进一步验证了西安在全球服务外包领域的竞争力。值得注意的是，西安的服务外包业务已广泛触及全球 48 个国家和地区，其离岸执行额实现了显著的飞跃性增长。这一持续上扬的态势，不仅体现了企业敏锐捕捉并积极融入 RCEP 等国际市场机遇的战略远见，更彰显了其在新时代全球化浪潮中不懈探索与强劲发展的内在动力。企业不仅成功开拓了更广阔的国际市场，还在多个关键领域展现出强劲的发展势头，为西安服务外包产业的国际化进程注入了新的活力。

（3）企业综合实力显著提升，行业领军者阵容持续壮大。2022 年，西安服务外包领域展现出强劲的增长势头，涌现出 51 家合同额超过 500 万美元的企业集群，其中 38 家企业更是实现了合同额跨越 1000 万美元的里程碑，而精英企业群体中，合同额突破 5000 万美元的企业达到了 11 家。在实际执行方面，同样亮点纷呈，48 家企业有超过 500 万美元的执行额，29 家企业成功跨越 1000 万美元的执行大关，7 家企业实现了 5000 万美元以上的执行额。尤为值得一提的是，对业务贡献显著的龙头企业数量较上年增加了 6 家，这一增长不仅反映了企业间竞争力的普遍提升，也标志着西安服务外包业务正朝着更加稳健和高质量的方向迈进。整体而言，企业实力的增强与龙头企业的增多，共同促进了服务外包行业的持续繁荣与稳步发展。

第五节　西安高新区服务贸易发展业态与现状

一、业态现状

（一）高新区服务贸易规模逐步扩大

西安高新区在扩大服务贸易范围、创新服务贸易模式等方面深入探索，取得了显著成效。根据调研统计截至 2022 年底，根据高新区存在规模以上服务贸易企业 309 家，其中 50% 为自然人投资或控股的有限责任公司，26% 为自然人独资的有限责任企业，且 85.17% 的企业都已有 5 年以上的项目开展经历。服务贸易辐射范围主要包括中国香港、中国澳门、中国台湾、欧洲、美国、日本、韩国和东南亚等。在这些企业中，超过一半的企业处于行业产业链上游服务环节，37.75% 处于产品中游服务，16.67% 处于产品下游服务。95.83% 的企业服务项目利润占当年净利润的 50% 以上，发展势头良好。2022 年，陕西省内软件和服务外包合同金额为 22.7 亿美元（见表 2-1），高新区内企业服务贸易合同的执行额占全省的 90.1%，服务外包执行金额排名前五的企业全部落户在西安高新区，如表 2-2 所示。

表 2-1　2022 年西安市软件和服务外包业务统计表　单位：万美元，%

序号	地区	合同金额				执行金额			
		直接离岸	间接离岸	合计	占比	直接离岸	间接离岸	合计	占比
1	高新区	74295.8	151915.0	226210.8	88.6	60024.9	144812.7	204837.6	90.1
2	经开区	3410.0	8410.9	11820.9	4.6	3159.8	6269.0	9428.8	4.1
3	西咸新区	55.7	6372.6	6428.3	2.5	97.3	2600.8	2698.1	1.2
4	航天基地	387.2	2745.8	3133.0	1.2	570.2	2874.5	3444.7	1.5
5	长安区	0.0	255.3	255.3	0.1	0.0	255.3	255.3	0.1
6	国际港务区	105.7	0.0	105.7	0.0	95.7	0.0	95.7	0.0
7	碑林区	108.7	565.0	673.6	0.3	85.3	180.4	265.7	0.1
8	雁塔区	75.0	0.0	75.0	0.0	20.0	0.0	20.0	0.0
9	曲江新区	553.7	0.0	553.7	0.2	330.0	0.0	330.0	0.1
10	莲湖区	579.5	0.0	579.5	0.2	570.3	0.0	570.3	0.3
11	浐灞生态区	0.0	129.7	129.7	0.1	0.0	5.2	5.2	0.0
12	新城区	0.0	5451.2	5451.2	2.1	0.0	5434.8	5434.8	2.4
	合计	79571.2	175845.5	255416.7	100.0	64953.5	162432.6	227386.1	100.0

资料来源：根据陕西省商务厅报告计算。

表2-2 2022年西安高新区内服务外包业务执行额排名前五的企业

单位：万美元，%

排名	企业名称	执行金额	占比
1	中软国际科技服务有限公司	126871.4	49.7
2	力成半导体（西安）有限公司	16764.0	8.9
3	西安广知网络科技有限公司	6119.1	3.8
4	中国电信西安分公司	5182.1	2.3
5	西安博信云创信息科技有限公司	4526.8	2.0

资料来源：根据陕西省商务厅报告计算。

西安高新区服务贸易产业结构优化进展显著，高附加值业务比重逐年上升，服务外包业务已涵盖信息技术研发、运营和维护、新一代信息技术开发应用、内部管理、业务运营、维修维护、商务、设计、研发等服务外包领域，实现了信息技术外包（ITO）、知识流程外包（KPO）和业务流程外包（BPO）领域的全覆盖。如表2-3所示。

表2-3 2022年西安高新区服务外包总体情况　　单位：万美元，%

合同类别	接包合同		接包合同签约		接包合同执行	
	数量	同比	金额	同比	金额	同比
总计	3275	82.9	253663.7	13.2	224775.3	36.3
信息技术外包（ITO）	2170	28.1	198343.6	8.8	184897.6	36.0
业务流程外包（BPO）	97	94.0	18384.4	44.9	12777.7	78.1
知识流程外包（KPO）	1008	2044.7	36935.7	27.0	27100.0	24.5

资料来源：陕西省商务厅。

目前，西安高新区服务外包业务已涵盖信息技术研发、运营和维护、新一代信息技术开发应用、内部管理、业务运营、维修维护、商务、设计、研发等服务外包领域，实现了信息技术外包（ITO）、知识流程外包（KPO）和业务流程外包（BPO）领域的全覆盖。2022年，全省ITO执行额达18.5亿美元，同比增长36%，占总执行金额的82.3%；KPO执行额达2.7亿美元，同比增长24.5%，占总执行金额的12.1%。以ITO、KPO为代表的高技术、高附加值业务比重达94.3%，成为陕西服务外包业务结构的主体，服务外包产业结构持续优化，转型升级效果明显。

从服务外包各业务小类看，占执行金额比重最大的三项业务分别为软件研发服务（34.4%）、其他商务服务（26%）和信息技术运营和维护服务（10.3%）。具体地讲：从 ITO 来看，软件研发服务、信息技术运营和维护服务、其他信息技术研发服务占全部签约金额的比重最高，其执行金额占全部执行总额比重分别为 34.4%、10.3% 和 5.2%，合计共占比 49.9%，其中软件研发服务全年执行金额 2.2 亿美元。与此同时，上述三类业务较上年增幅较大，分别增长 25.1%、64.3%、97.4%，发展态势良好。

从 KPO 来看，其他商务服务、医药和生物技术研发服务和其他研发服务的占比在该业务类别中最高。其中，作为该业务领域最重要的业务，其他商务服务 2022 年执行额为 1.7 亿美元，执行金额占到执行金额总额的 26%。其余两类业务占比分别为 4.9% 和 2.9%。

从 BPO 来看，该业务类型在三大业务板块中占比较低，执行金额占全部执行金额的 7.5%。2022 年业务开展较 2021 年略有下降。

（二）高新区服务贸易结构完整

高新区服务贸易中知识与技术密集型等新兴服务贸易份额逐年上升，运输、旅游等传统劳动密集型服务贸易占比较小。高新区服务贸易企业大多数以信息技术外包服务为主营业务，产业结构更偏向于高新技术和信息服务，对于金融、保险、教育文化、医疗、物流、知识产权等方面发展空间仍然很大。就行业结构来说，高新区服务贸易企业所属行业为电信计算机、软件和信息技术服务业的占 20.7%，科技推广与应用服务业的占 6.4%，商业服务业占 16.8%。就主营业务来说，西安高新区服务贸易企业大多为信息技术外包服务类和电信计算机和信息服务类，再次为业务流程外包服务类、文化和娱乐服务类、其他商业服务类和知识流程外包服务类，如表 2-4 所示。

表 2-4　西安高新区服务贸易结构

主营业务类型	企业个数（家）	百分比（%）
信息技术外包服务（ITO）	90	29.1
业务流程外包服务（BPO）	25	8.1

续表

主营业务类型	企业个数（家）	百分比（%）
知识流程外包服务（KPO）	21	6.8
电信计算机、软件和信息技术服务	64	20.7
个人、文化和娱乐服务	8	2.6
加工服务	3	0.9
金融、保险服务	8	2.6
商业服务	52	16.8
建筑服务	8	2.6
科技推广与应用服务	20	6.4
其他	10	3.2

资料来源：根据陕西省商务厅提供的数据整理所得。

作为软件和信息技术重要承载片区，高新区聚集了华为西研所、阿里巴巴、科大讯飞、腾讯、交叉信息核心研究院、易点天下等知名企业，海康威视、大华、华勤、和利时、诺瓦电子生产基地等一批产业项目。截至 2022 年底，高新区软件和信息技术服务业实现总收入 3700 亿元，聚集世界 500 强企业 36 家，中国软件百强企业 47 家，上市上柜企业 40 家，万人以上企业 3 家，收入过亿元企业 148 家。2020 年试点以来，易点天下、吉客印等一批西安本土服务贸易企业不断壮大，科大讯飞、东航赛峰等一批标志性的国际大公司先后落地。试点以来，西安在商务部统一业务平台服务贸易（服务外包）项下新增注册企业达到 560 家，总量超过 1000 家。

西安高新综合保税区以三星、美光等大项目为龙头，形成了以电子信息和高端装备为主导，国际物流和服务贸易为支撑的产业布局，在西安高新综合保税区的助力下，2022 年，高新区实现进出口总额（包含服务贸易）2765 亿元，全省占比 73%。2021 年，高新区做出了新的承载片区规划即丝路科学城，构建"双链融合"的产业生态，助力高新区打造万亿级产业大平台。2020 年试点以来，西安高新区成功入选"国家文化出口基地"，获批"西安国家数字出版基地"，成为"国家级文化与科技融合示范基地"的重要组成部分，平台引领、辐射效应逐步显现。高新区聚集了三人行传媒、易点天下、荣信文化等 4000 多家优质文化企业，2022年西安高新区重点文化企业出口贸易总额约2.8亿美元，对外文化贸易出口规模持续扩大13%。

（三）高新区服务贸易区域布局合理

《"十四五"服务贸易发展规划》中明确指出，要落实国家区域贸易发展战略。从企业区域分布看，服务贸易企业主要集中在高新区、经开区、雁塔区、碑林区、西咸新区、莲湖区、国际港务区等外贸基础较好的区域，占比分别达到39.34%、12.02%、8.23%、6.20%、5.55%、5.41%、4.89%。其余区县（开发区）有实际业务的外贸企业数量均不超过100家，说明外贸企业分布呈现较强的聚集效应。

西安服务贸易额主要集中在高新区，其中高新区软件服务外包产业占全市八成以上，交通运输服务主要集中在国际港务区和西咸新区，文化出口服务主要集中在高新区和曲江新区。西安高新综合保税区以三星、美光等大项目为龙头，形成了以电子信息和高端装备为主导，国际物流和服务贸易为支撑的产业布局，但服务贸易布局不平衡。西安高新区区域内主要以软件服务外包产业类服务贸易为主，集中在高新软件园和丝路软件城等功能园区，两个功能区覆盖业务流程外包服务类服务贸易企业最多。

从全球来看，2022年，西安高新区承接离岸外包业务的国别市场已达73个国家和地区，业务来源国家更加广泛（见表2-5）。其中，离岸合同额排名前五位的经济体依次为：新加坡（2.7亿美元）、中国香港（1.6亿美元）、美国（1.6亿美元）、日本（0.8亿美元）、欧盟（0.4亿美元）。

表2-5　2022年高新区服务外包目的地前五的国家（地区）

单位：万美元，%

排名	国家（地区）	接包合同			接包合同签约			接包合同执行		
		数量	同比	占比	金额	同比	占比	金额	同比	占比
	全球	800	-25.4	100.0	79737	-10.7	100.0	64482	7.8	100.0
1	新加坡	36	28.6	4.5	27012	5.9	33.9	20801	11.5	32.3
2	中国香港	53	-17.6	6.6	15741	-36.9	19.7	9325	15.1	14.5
3	美国	143	-7.7	17.9	15728	-29.0	19.7	15510	7.1	24.1

续表

排名	国家（地区）	接包合同			接包合同签约			接包合同执行		
		数量	同比	占比	金额	同比	占比	金额	同比	占比
4	日本	311	−35.5	38.9	7873	8.5	9.9	7674	6.8	11.9
5	欧盟	76	−24.0	9.5	4379	−8.0	5.5	4193	−8.4	6.5

资料来源：陕西省商务厅。

上述国家（地区）签约合同共 619 项，占服务外包离岸合同项目总数的 77.4%。合同额共计 7.1 亿美元，下降 16.4%，占接包合同签约总额的 88.7%；其执行额共计 5.8 亿美元，增长 8.5%，占接包合同执行总额的 89.2%。其中，作为服务外包业务的主要开展国家，新加坡一直以来都是陕西服务外包离岸业务的重要国家，合同金额及执行金额保持稳定发展的态势。

二、政策扶持

（一）聚焦主阵地，打造软件和服务外包高质量产业集群

西安高新区持续加强软件和服务外包核心区政策支持力度，用足用好国家、省、市服务外包专项资金支持政策，发挥专项资金的引导和扶持作用。依托高新区市场综合监管平台和"企业直通车"App，对高新区服务贸易等市场主体实行智慧化、精准化监管，通过互联网、大数据等技术手段，采集并分析服务贸易企业相关信息，对其进行信用分类监管和风险分级管理，为企业经营活动顺利开展提供良好环境。

西安高新区组织企业积极申报省市服贸政策。2022 年共组织企业集中申报省市服贸政策 7 次，包括《2022 年度西安市加快推进新时代对外开放支持政策服务贸易和服务外包项目申报工作》《2022 年度陕西省外经贸发展专项资金项目申报指南》等，累计申报金额 3312.67 万元；对上年度申报资金做好资金拨付工作，涉及《2021 年度外经贸发展专项资金服务贸易事项项目资金》，以及根据西安市商务局《关于申请拨付 2021 年西安市现代服务业和会展业发展专项资金的函》等，共计拨付 2041.5 万元。

发挥高新区优势特色，加大企业招商力度。多次调研高新区重点服贸企业，

走访中软国际、易点天下、紫光国芯、吉客印等，了解企业发展经营情况以及对服务贸易发展的意见建议；举办文化贸易领域交流培训活动，包括"如何玩赚东南亚独立站电商"主题线上沙龙、全省文化企业"抱团出海"研讨沙龙等。立足软件和信息技术服务业，构建"2+5+N"产业发展新格局，持续推动行业应用软件和信息技术服务两大产业集聚协同发展，打造具有全国影响力的产业集群。主动出击寻求发展机遇，根据园区特色开展招商引资活动，引进国内外服务外包龙头企业。全程为企业提供"保姆式"服务，为服务外包企业入驻园区开辟绿色通道。依托配套政策、人力资源、生态环境等优势，定向规划结合错位发展，让企业扎堆更要扎根。推进以商引商、平台招商、产业链招商，前瞻性布局未来产业发展生态，促进服务外包产业集群集聚，逐步扩大产业聚集效应，进一步提高服务外包产业发展水平。

高新区积极争取吸引龙头企业入驻，推动全球500强软件企业、中国软件百强企业、国内外上市软件企业等在西安设立综合型、区域型、功能型总部，瞄准产业头部企业开展精准招商，推进龙头企业研发团队整体迁入西安，增强西安服务外包的知名度和影响力。推动重点产业方向的企业联盟活动，促进行业内和跨行业的交流和资源共享，形成上下游产业链，实现高新区软件和服务外包企业与国内外企业建立多种形式的合作关系。

（二）拓展新优势，引领示范西安国家数字出版基地

在科学定位、优化布局方面，高新区立足陕西丰厚的历史文化资源和"一带一路"主要节点的资源优势，不断拓展丝绸之路经贸文化，确立了以"文化+"为核心的多元化发展战略框架，旨在实现文化、科技、金融与贸易四大领域的深度融合与协同发展。为此，精心策划了《西安高新区文化创意产业三年发展蓝图》，积极促进互联网文化信息服务、现代设计创意服务、数字出版与现代传媒业，以及动漫游戏等具有高成长潜力和高价值增值特性的文化创意产业板块的迅猛发展。通过优化资源配置、强化创新驱动、拓宽市场渠道，加速这些板块的繁荣进程，以构建更加多元化、高端化、国际化的文化创意产业生态体系。这一规划不仅明确了发展路径，还为实现文化创意产业的全面升级与繁荣奠定了坚实基础。

一是构建活跃的丝绸之路招商桥梁，精心策划并引领文化企业参与一系列高

端展会，包括深圳文博会、丝绸之路国际博览会、中国国际服务贸易交易会以及陕西—香港文化产业合作项目推介会等，旨在拓宽合作渠道，促进文化交流与商务对接。此外，成功地引驻了包括浙江文创集团西北区域总部、喜马拉雅丝路总部基地、流行音乐创意产业园区，以及独具特色的乐饵黑胶音乐博物馆及言几又·迈科中心旗舰店等一系列高质量文化创意企业入驻西安高新区，为区域文创产业的蓬勃发展注入了强劲动力。

二是致力于建设高新区文创企业协会，通过该平台加强企业间商业资源信息的交流与合作。这一举措不仅为文化企业提供了"海外合作"整合平台，促进了资源的优化和共享，还显著提高了中国文化在国际舞台上的传播质量和效率，进一步提升了中国文化的全球影响力。

三是强化园区引领效应，实施文化园区建设行动计划，吸引更多文化企业聚集，重点打造西安高新"嘉汇坊"咖啡街区、永阳公园国际艺术中心、跨境文化电商产业园、数字文创产业园、文化创意产业示范基地、思禾文创产业基地等园区（基地）项目。

四是持续完善文化出口贸易服务平台功能，搭建基于 TikTok 平台的跨境运营体系，开发面向陕西文化出口贸易企业的出海营销培训课程和体系，创建服务平台微信公众号。通过梳理高新区从事"互联网+教育"有关企业，引导科大讯飞发挥在智能教育领域的技术优势，并与高校展开 AI 人才培养的合作。

在板块升级与品牌塑造进程中，龙头企业的引领作用越发显著，成为推动产业前行的关键力量。在现代设计与创意服务领域，构建起以中联西北设计院、中交一公院、中国水电西北设计院、铁一院等顶尖央企为核心支柱的工程工业设计生态系统。这些行业领军企业在"一带一路"倡议的引领下，深耕基础设施设计建设领域长达三十余载，积累了丰富的经验与成果，不仅深度参与了众多重大项目的规划与实施，还随着高铁等标志性项目的"出海"，有效推动了中国产业标准、工业文明与行业规范的国际化传播，对共建"一带一路"国家产生了深远影响。

（三）政策支持新赛道，完善服务外包统计与监测工作

按照重点服务企业联系制度的要求，高新区在充分挖掘原有服务外包业务报送企业潜力的同时，积极寻求新的报送企业，动员鼓励服贸企业积极申报、及时

申报业务，认真指导新企业注册报送业务数据，提升全省服务外包业务产业规模、提高离岸业务占比，全面、及时反映全市软件和服务外包产业发展成果。

积极发展研发、设计、检测、维修、租赁等生产性服务外包，促进知识流程外包、业务流程外包统计业务数据的增长。同时，争取将原本属于制造业、交通运输业、仓储和邮政业、建筑业等传统行业的企业的服务收入纳入服务外包统计系统，培育一批信息技术外包和制造业融合发展示范企业。

建立健全信用信息归集共享机制，依法依规归集信用信息，依托省市公共信用信息平台，实现与各级信息提供单位的互联互通，推动信用信息的全面共享。除法律法规另有规定外，全面落实各类政务信用信息公开，严格执行许可和处罚信息"双公示"制度，为社会提供"一站式"查询服务。依法依规实施联合激励和联合惩戒措施，鼓励各类社会机构查询使用红黑名单，对列入黑名单的主体实施市场性、行业性、社会性约束和惩戒，对列入红名单的主体建立"绿色通道"，优先提供服务便利，优化诚信企业行政监管安排，降低市场交易成本。

三、平台载体

（一）金融平台：高新区服务贸易转型升级助推器

作为全面深化服务贸易创新发展的试点，西安高新区紧抓服务贸易发展的新机遇，通过构建西安高新区贸易金融服务平台，加大银企对接、发展供应链金融、推广跨境人民币结算业务，拓展贸易信用产品覆盖等一系列措施，为各类服务贸易企业提供一站式、多场景的贸易金融服务，帮助企业加速发展。

一方面，积极吸引诸多驻陕金融机构的总部及分支机构入驻高新区，支持园区和科技企业建设发展。汇集全国各类金融机构或区域性总部、创投机构、金融中介服务机构、金融科技公司等各类要素平台1500余家，形成"科技路—唐延路—锦业路"带状科技金融聚集区。高新区内企业贷款总额超过十年前的10倍，达到近4000亿元，科技金融"互济"发展模式初现。另一方面，以中国（陕西）自由贸易试验区成立为契机，开启跨境金融服务高水平跨越的新格局。近三年内，高新功能区企业跨境人民币结算量累计达到331.97亿元，占到陕西贸易结算金额的89.7%。同时，以扩大高水平对外开放、制度创新、"科技+金融"为主要方向，在金融促进产业高质量发展目标的指引下开展创新合作。先后出台近60项科技金融扶持政策，综合运用风险补偿、股权投入、担保放大、贷款贴息、鼓励上市、鼓励并购重组、推动投贷联动试点、科技保险补贴、融资租赁补贴等优惠政策给予服务贸易企业全方位支持。

加快推进现代金融基础设施建设，推动金融机构向数字化、智能化转型升级。发力"金融+科技"，完善全链条金融服务体系，打造科技金融示范区，不断完善科创企业不同生命周期资金需求的科技金融服务体系，在科创板、创业板等证券市场形成集聚效应，支持已上市企业扩大直接融资规模，通过市场化并购重组、"上市企业+产业基金"等方式促进产业升级，提升高质量发展的硬核优势。建立起服务于科技企业不同生命周期的科技金融生态链，全面建成西安丝路软件城的金融中心。

一是西安高新区贸易金融服务平台已吸引24家金融机构和上百家中介服务机构，通过提供银企匹配、融资租赁等一站式、全周期服务，完善跨境保函、汇率避险增值等跨境结算服务体系和功能，持续推动贸易高质量发展。

二是持续开展金融领域创新，先后推出信用贷、人才贷等金融产品，实现信用+金融的广泛推广。大力发展科技金融，引导金融资源向高新技术企业聚集，形成具有高新特色的科技金融服务体系。

（二）技术服务平台：高新区成果转化孵化器

西安高新区在通信、光伏、电子元器件、软件服务与外包等领域处于全国领先地位。西安高新区目前汇聚了超过300家技术导向型规模以上企业，尽管其在全球化拓展的道路上渐入佳境，但技术出口之旅亦非坦途。企业在推进技术出海时，普遍遭遇了多重挑战，诸如：前置环节中的外方信用评估难度、风险控制策略的制定、跨国交易规则的适应、知识产权在境外的法律适用性验证；中后端则面临资金回流效率、全链条技术输出的模式创新难题；国际标准对接障碍。为有效应对这些挑战，西安高新区积极作为，通过构建全球性的技术服务平台、深化技术验证与转化机制，并创新性地探索技术安全、高效、合规的海外输出服务体系，从而开创出技术出口的新模式。这一系列举措不仅实现了技术贸易规模的快速增长，更显著增强了技术服务贸易的整体发展活力与内生动力。

在构建技术服务平台的过程中，注重技术资源的全面整合和优化配置，实现全国技术生产资源的标准化数据采集，通过平台发布供需信息，举办技术路演和展示会，为国际设备出口提供一站式服务。特别地，该平台对共建"一带一路"的国家和地区，量身打造国内技术的精准匹配方案，助力技术资源的国际流通与共享。同时，积极探索并创新技术境外输出的交易服务机制，旨在系统性地解决外方信用评估难题、优化风险控制策略、适应跨国交易规则、加速资金回笼进程，并探索多样化的全链条技术输出模式。在此基础上，为参与技术出口的企业提供信贷支持、出口退税等方面的政策咨询与指导服务，以全方位、多层次的支持体系，推动技术出口业务的稳健发展。

西安高新区在技术转移与概念验证领域取得了显著进展，汇聚来自国内顶尖科研机构的专家智慧，携手共建了一个面向全球的技术转移与概念验证枢纽平台。该平台的核心使命在于，深入剖析企业提出的各类技术概念产品，通过实施严格的技术可靠性验证流程以及全面的专利成熟度评估策略，确保技术的可行性与商业价值，为科技成果的转化与市场化应用奠定坚实基础。此外，致力于技术产品准确的市场定位、创新商业模式规划和有效的资本对接，引入全面的技术经理参与机制，确保技术转型过程的效率和顺利执行。在遵循国际标准的同时，西安高新区持续推动国内技术创新体系的升级换代，加速科技成果向市场化、国际化方向转化。通过一系列试点项目的成功实施，区内已构建起涵盖产、学、研、用全链条的技术转化生态体系，为众多国内新型技术的快速产业化与国际化出口铺平了道路。尤为值得一提的是，西安高新区全力支持中电科瑞、汇源仪表、美丰科技、天茂生物、麒麟科技等60家企业，在技术验证与产业化进程中迅速前进。通过提供一系列针对性支持措施，这些企业不仅在国内市场取得了显著成就，还成功将多项先进技术推向国际市场，实现了境外输出的重大突破，增强了企业的国际竞争力，也为区域经济的持续繁荣注入了新的活力。

在深化技术国际化服务体系的战略探索中，西安高新区采取了多维度的全球布局策略，精心设立了8个离岸创新枢纽、4个海外科技服务站点以及5个海外研发基地，这些举措旨在构建一个既广泛又深入的技术传播与推广网络，以加速科技成果在全球范围内的流动与转化。这一阶段旨在构建一个全方位、多层次的技术交易服务体系，整合技术咨询、知识产权管理、投资、法律咨询服务、托管运营、成果转化、交易流程和跨境合作等多种功能，大幅度降低技术交易的整体成本，提高交易效率。同时，西安高新区致力于促进国内技术标准与国际标准体系的深度融合及高效对接，同时积极探索国内知识产权在海外市场的合法运用与通用性保障策略。此举旨在构建"一带一路"倡议框架下技术与知识产权交流合作的典范模式，率先推广并应用国内标准，进一步拓展国内技术的国际市场影响力与接受度。

截至 2022 年底，西安高新区的技术服务平台已汇聚了来自全国 9316 所高校及企业的海量技术成果，数量高达数万项，并吸引了万名行业专家的入驻。此外，平台整合了超过 2 万台（套）的先进仪器设备资源，成功举办了 1829 场形式多样的技术输出与交流活动，促进了超过 3000 项技术成果向海外的成功输出，技术出口额更是达到了 56 亿美元，稳固了其作为中国西部地区技术出口核心阵地的地位。在拓展海外版图的过程中，西安高新区精心布局的离岸创新枢纽、国际科技服务站点及海外研发中心已积极策划并执行了超过百场技术展示与交流活动，这些活动不仅显著增强了与国际市场的互动与联系，还成功促成了与吉尔吉斯斯斯坦等国在生物医药、新能源汽车等前沿科技领域的深度合作意向，预计合同金额高达 18.9 亿美元。与此同时，西安高新区积极对标国际标准，致力于向企业提供一揽子的技术改造升级援助，核心目标在于全面增强"中国技术、国际标准"在全球市场中的核心竞争力，推动其在全球舞台上的领先地位与影响力，进一步巩固和扩大中国技术的国际影响力。

（三）"文化+外贸"平台：高新区对外文化品牌培育器

以西安对外文化贸易基地和国家文化出口基地为实体支撑，高新区积极搭建对外文化贸易产业综合服务平台。在"政府主导+企业运营"的政企合作模式下，建立起我国唯一的文化产品跨境电子商务平台——丝路汇，建设集文化机构投资融资、文化产品展示交易、文化创意产品孵化、文化产品贸易配套服务为一体的全产业链服务体系。结合线下实体展览体验产品中心，以"线上、线下"双向服务平台为引领，吸引众多优质企业和人才，实现文化的集聚发展。

文化创意产业的集聚化趋势正成为文化出口领域的璀璨新星。自 2018 年荣获首批国家文化出口基地殊荣以来，西安高新区便聚焦于高附加值文化产业领域的深耕细作，包括数字出版、动漫游戏、创意设计以及互联网服务等核心板块，致力于推动文化、科技、金融与贸易四大要素的深度融合与协同创新，以打造具有国际竞争力的文化产业生态体系。除国家文化出口基地的殊荣外，西安高新区还成功摘得"西安国家数字出版基地"的桂冠，并作为"国家级文化与科技融合示范基地"的关键一员，其平台化运作的引领力及广泛的辐射效应正日益彰显，为文化出口注入了新的活力与动力。

目前，西安高新区聚集了三人行传媒、易点天下、荣信文化等4000多家优质文化企业。2021年，西安高新区重点文化企业出口贸易总额约2.2亿美元，2022年达到2.8亿美元，对外文化贸易出口规模持续扩大。西安高新区文化出口贸易服务平台孵化的"漫星球"项目，借助游戏类的App和产品，通过漫画形式促进中国旅游景点文化元素"出海"。在服装品牌设计中融入中国元素，通过海外版抖音平台进行传播和促销。在孵化期间规模实现较大增长，团队人员增至20人，并实现年超500万元的营收规模。其海外视频网站YouTube频道短期内实现较快增长，频道总观看次数已超134多万次。荣信教育文化产业发展股份有限公司旗下"乐乐趣"和"傲游猫"两大童书品牌获得了良好的市场口碑，版权及文化产品出口到英国、法国、美国、俄罗斯、德国、意大利、西班牙、日本等国家。西安点告网络科技有限公司基于YeahTargeter广告管理平台，在移动效果营销领域累计服务企业超过5000家。西安纽扣软件科技有限公司凭借先进的图像处理技术及多样化的视图编辑产品，涵盖到全球200多个国家的上亿用户，公司旗下数十款App在全球200多个国家的应用排名前列。维塔士电脑软件（西安）公司稳居全球游戏开发领域的领先地位，其客户群体之广，几乎囊括了全球排名前二十的游戏厂商中的大多数（共十八家），充分彰显了其在游戏开发行业的强大实力和广泛影响力。而摩摩信息科技有限公司匠心独运，精心策划并推出了动画电影力作《未来机械都市》，在国际市场上大放异彩，成功吸引了NetRix的青睐，以高达3000万美元的价格获得了该影片的海外发行权，这不仅是对影片质量的认可，也是对摩摩信息科技有限公司创新能力与市场洞察力的肯定。

四、试点示范

2023年是西安全面深化服务贸易创新发展试点收官之年，截至2023年10月底，西安承接商务部确定的88项试点任务中，已有87项落地见效，占试点任务的98.9%；剩余1项正在推进的任务属国家事权，中国贸促会和外交部正在协调推动。2023年3月，西安两个创新成果被国家服务贸易创新发展部际联席会议办公室评为"最佳实践案例",试点以来累计获评最佳实践案例数达到8个。自2020年获批服务贸易创新发展试点城市以来,西安高新区建立起联席会议、重点企业联系、智库研究、考核评价四项机制,统筹推进试点任务,取得明显成效。

2022年,高新区软件和服务外包合同实现执行金额20.48亿美元,高新区内企业服务贸易合同执行额占全省22.74亿美元的90.1%,软件和服务外包占全西安服务贸易出口的53.4%,加上2022年高新区文化服务贸易出口2.8亿美元,高新区服务贸易出口占西安服务贸易出口总额超过60%。重点企业数量突破600家,年均增长均超过10%;其中,知识密集型服务贸易占比60%,增长16%;出台十方面支持政策,设立两级服务贸易专项资金,资金规模从2020年的706万元增长至2022年的3665万元。

创新发展试点特色亮点表现在:

(一)在推动经济高质量发展和共建"一带一路"中做出积极贡献

全市服务业增加值突破7000亿元,占GDP比重为62%。其中,软件服务业营收增长11%,规模以上服务业企业营收同比增长8.3%,均高于全国水平,高新区服务贸易净出口对西安经济贡献达4%,生产性服务贸易对工业贡献达22%。积极发挥服务外包就业吸纳器作用,连续三年校园招聘服务活动,累计吸纳大学生就业超过3万人。在文化交流方面,以音乐为桥梁,强化与共建"一带一路"国家文化艺术交流,西安高新区国家文化出口基地在商务部、中宣部、文化和旅游部、广电总局开展的基地第二次综合评价排名中,位列功能区第二。国家文化出口重点企业易点天下网络科技股份有限公司、荣信教育文化产业发展股份有限公司实现首次公开发行股票并在创业板上市,通过资本市场加快发展、做大做强。

(二)在培育创新业态方面形成新模式

一是服务型制造新模式。通过改革探索,推动高新区制造业向"制造+服务""产品+服务"成功转型。高新区已有60%的制造业企业开展技术服务型出口,培育出7个国家服务型制造示范企业和平台,依托"秦创原"创新平台接口,构建全球技术服务体系。2022年,实现技术合同成交额2881亿元,居副省级城市第一。

二是专业服务新模式。创建"一带一路"国际商事法律服务示范区,集聚了最高人民法院第六巡回法庭、第二国际商事法庭等平台资源，形成了以国际商事诉讼、仲裁、调解、人才培养及域外法查明服务为核心的法律服务体系。全市知识产权创造成果数量持续增加，2022年共获授权专利5.8万件，商标申请量为9.2万件，西安高新区成功入选国家知识产权强国建设示范园区。

三是"一带一路"经贸合作和人文交流创新模式。持续推动高新区国际化水平。依托高新区要素资源，以色列离岸创新中心、韩国离岸创新中心建设，通过开展国际交流活动、创建海外创新平台、引进海外科技项目等，助力全球企业交流沟通，累计落地20余个海外高科技创新项目，吸引外籍人才1000余名。

（三）在技术境外输出中形成新优势

西安高新区敏锐捕捉全球供应链与价值链重构的契机，致力于构建开放合作的新发展格局。西安高新区通过构建全球性的技术服务平台，深度参与技术验证与转化流程，并精心打造技术出海服务体系，成功开辟了技术境外输出的创新路径。这种模式不仅促进了技术贸易的快速增长，而且激发了技术贸易内部的活力和发展潜力，为陕西的工业化技术进入国际市场奠定了坚实的基础，有效地促进了地区经济的国际化发展。

一是构建陕西省级技术出口综合服务平台，该平台致力于全国技术输出资源的标准化整合与高效管理，通过发布供需匹配信息、组织技术路演展示及促进设备国际化出海，精准对接共建"一带一路"国家的技术需求。同时，通过技术出口贸易服务海外机制，不断深化研究和创新，为国外信用评估、风险控制、交易规则、资金回笼和全链条技术输出等核心问题提供解决方案，并整合了信贷和出口退税等多元化政策手段，为高质量的国内技术提供快捷畅通的国际渠道，加快其在全球市场的应用和推广。

二是强化技术转移概念验证机制，陕西省级验证中心平台加速落地，汇集了国内顶级研究机构的精英专家，共同构建了面向全球市场的技术转移概念验证平台，该平台重点是对企业技术概念产品进行严格的技术可靠性评估和专利成熟度测试，旨在提高技术的全球兼容性和全球知名度。与此同时，西安高新区正在推进技术产品的准确市场定位、商业模式的创新计划和有效的资本对接，通过参与整个过程的创新技术，确保技术转型的顺利进行，并始终与国际技术管理者保持有效的联系，加快了科技成果商业化、国际化的转型进程。

三是拓展陕西省级技术出海服务新体系，陕西在全球关键区域布局了 8 个离岸创新枢纽、4 个海外科技支持站点及 5 个海外研发基地，构建起覆盖全球的协同技术推广框架。此体系集技术咨询、知识产权管理、资本融资、法律咨询服务、项目管理、成果转化、交易促进、技术输出及跨国合作等功能于一体，旨在显著降低国际技术交易的成本壁垒。同时，聚焦于促进国家技术标准体系与国际标准的深度融合进程，积极探寻国内知识产权在国际舞台上实现有效保护的路径与共同策略，旨在确保出口技术的全面合规性，严格遵循并超越国际标准的要求，特别是共建"一带一路"倡议国家的国际影响力，并致力于国内标准的推广和应用。截至 2023 年 10 月，陕西省级技术服务平台已归集全国 9316 家高校和企业的技术成果 144375 项，行业专家 21093 名，入库仪器设备 19562 台/套，举办各类技术输出交流活动 1829 场次，向海外出口技术 3000 余项，技术贸易出口额 56.04 亿美元，满足了共建"一带一路"部分国家对国内技术的需求，推动西安高新区成为我国西部重要的技术出口基地之一。

第三章　陕西服务贸易发展成效及经济贡献度

世界贸易组织按四种供应方式划分统计的服务贸易数据集显示①，2022年服务贸易四种供应方式总计出口176377.88亿美元，同比增长5.8%。全球服务贸易不同供应方式总计进口170853.55亿美元，同比增长5.7%。可以看出，全球服务贸易整体规模呈扩张趋势。2020年由于新冠疫情的影响，世界经济发展低迷，全球贸易业发展处于疲软状态，导致全球的服务贸易规模显著下降。此外，在供应方式中，商业存在对全球服务贸易规模贡献最大。

第一节　我国服务贸易发展特征

一、服务贸易规模稳步扩大

根据世界贸易组织的数据，2022年中国服务贸易进出口额为59801.9亿元，较2021年增长12.9%，然而仅占外贸进出口总值的14.12%，服务贸易进出口长期处于逆差状态②。其中，服务贸易出口额为28522.4亿元，进口额为31279.5亿

---

① 四种供应方式：跨境提供、境外消费、商业存在、自然人流动。
② 洪俊杰，杨懿.开放型经济新体制构建的理论发展、问题挑战与风险防控［J］.海南大学学报（人文社会科学版），2024（8）：1-7.

元，贸易逆差为 2757.1 亿元，与我国建立服务贸易往来关系的国家（地区）增加到 200 多个①。中国服务贸易进出口额由 2016 年的 43947.0 亿元增长至 2022 年的 59801.9 亿元，年均增长率为 5.27%②。2005～2021 年，中国服务贸易进出口额及其占世界服务贸易进出口额的比重总体保持平稳增长态势。2005 年，中国服务贸易进出口额占世界服务贸易进出口额的 3.06%，2018 年占比为 6.68%，2021 年占比为 7.13%。

二、服务贸易逆差幅度缩小

2010～2021 年，我国服务贸易逆差呈现"先上升后下降"的态势，其中 2018 年逆差规模最大，接近 3000 亿美元。2021 年，服务贸易逆差为 1000 亿美元，较之前逆差规模大幅减少。贸易逆差的主要来源是旅行服务贸易逆差，2014～2019 年，旅行服务贸易逆差基本都在 2000 亿美元左右。同一时期其他服务贸易细分行业如建筑，电信、计算机和信息服务，加工服务，其他商业服务均保持顺差（见表 3-1）。2023 年，中国国际旅行服务贸易规模大幅扩大，服务贸易逆差规模有所扩大。

表 3-1　2013～2021 年中国服务贸易细分行业贸易逆差　　单位：亿美元

细分行业	2013 年	2014 年	2015 年	2016 年	2017 年	2018 年	2019 年	2020 年	2021 年
运输	−567	−579	−467	−468	−560	−669	−590	−380	−206
旅行	−769	−1833	−2049	−2057	−2193	−2369	−2188	−1211	−944
建筑	68	105	65	42	36	49	51	45	56
保险服务	−181	−179	−38	−88	−74	−66	−62	−94	−144
金融服务	−5	−4	−3	11	18	12	15	8	4
电信、计算机和信息服务	95	94	131	127	75	65	80	64	106
知识产权使用费	−201	−219	−209	−228	−239	−302	−278	−293	−351
个人、文化和娱乐服务	−6	−7	−12	−14	−20	−24	−31	−20	−18
维护和维修服务	0	0	23	32	37	46	65	43	40

---

① 张守营. 我国服务贸易数字化转型步伐较快已具备较强国际供给能力 [N]. 中国经济导报，2023-09-14 (007).

② 秦燕玲. 稳外贸保存量拓增量进出口边际回暖显韧性 [N]. 证券时报，2023-09-23 (A01).

续表

细分行业	2013 年	2014 年	2015 年	2016 年	2017 年	2018 年	2019 年	2020 年	2021 年
加工服务	232	213	203	184	179	172	154	127	135
其他商业服务	99	282	189	147	169	191	194	195	339
政府服务	0	−10	−15	−20	−18	−27	−21	−11	−17
总额	−1235	−2137	−2182	−2332	−2590	−2922	−2611	−1527	−1000

资料来源：国家外汇管理局和《中国统计年鉴 2022》。

三、服务贸易结构持续优化

我国知识密集型服务贸易进出口额稳定增长。2022 年，知识密集型服务贸易进出口额同比增长 7.8%，其中，出口额同比增长 12.2%，进口额同比增长 2.6%。知识产权使用费，电信、计算机和信息服务的出口增速较快，同比分别增长 17.5%和 13.0%；进口额增长较快的行业是保险服务，增速达 35.8%[①]。

对比 2019~2022 年传统服务贸易和新兴服务贸易的占比，可以发现传统服务贸易占比相对较大。2019 年，旅行和运输服务贸易额分别为 2856 亿美元和 1509 亿美元，合计占中国服务贸易总额的 55.60%，2022 年旅行服务贸易额为 1272.6 亿美元、运输服务贸易额为 3137.2 亿美元，两者合计占中国服务贸易总额的 49.59%。2020~2022 年，新兴服务贸易——电信、计算机和信息服务贸易占当年服务贸易总额的比重为 14%左右。2019 年，知识产权使用费为 410 亿美元，占比为 5.22%，2022 年，知识产权使用费增加至 577 亿美元，占比上升到 6.49%，如表 3-2 所示。

表 3-2　2019~2022 年中国服务贸易占比前 5 位的行业

排名	2019 年	2020 年	2021 年	2022 年
1	旅行 （36.38%）	运输 （22.86%）	运输 （31.75%）	运输 （35.28%）
2	运输 （19.22%）	旅行 （22.33%）	其他商业服务 （17.72%）	其他商业服务 （17.12%）

---

① 李小牧等．服务贸易蓝皮书：中国国际服务贸易发展报告（2023）［M］．北京：社会科学文献出版社，2023.

续表

排名	2019 年	2020 年	2021 年	2022 年
3	其他商业服务 （15.69%）	其他商业服务 （18.94%）	旅行 （14.91%）	旅行 （14.31%）
4	电信、计算机和信息服务 （10.29%）	电信、计算机和信息服务 （14.16%）	电信、计算机和信息服务 （14.56%）	电信、计算机和信息服务 （13.97%）
5	知识产权使用费 （5.22%）	知识产权使用费 （7.00%）	知识产权使用费 （7.14%）	知识产权使用费 （6.49%）

注：括号内百分比为该行业贸易额占当年服务贸易总额的比重。
资料来源：商务部商务数据中心。

四、服务贸易伙伴日趋多元化

（一）加入 RCEP

中国与 RCEP①、共建"一带一路"国家的服务贸易关系日益紧密。目前，RCEP 是除 WTO 外最大的区域自由贸易协定。RCEP 于 2022 年 1 月 1 日起正式生效，RCEP 在服务贸易自由化、便利化方面做出了系列承诺，放开了服务业市场准入，让服务贸易拥有了更大的发展潜力。RCEP 旨在降低成员国之间的贸易壁垒，通过减少关税和非关税措施来促进区域贸易和投资，统一现有的多个双边协议，简化和协调规则，从而使区域贸易更加有效。RCEP 覆盖了世界约 30%的人口和全球 GDP 的相当一部分，使其成为世界上最大的自由贸易区之一，对于全球和区域经济，特别是在提高区域内国家的经济增长和增强全球供应链的韧性方面具有重要意义。RCEP 包括商品贸易、服务贸易、投资、经济技术合作、知识产权、竞争政策、解决争端等多个领域，该协定还具有地缘政治意义，特别是在美国对该地区影响力变化的背景下，它被视为中国在区域贸易和经济一体化中发挥更大作用的标志。可以看出，RCEP 既是一个经济协定，也是一个重要的地缘政治事件，影响着整个亚太地区的未来贸易格局和国际关系②。总之，RCEP加强了区域内的经济一体化，助力成员国之间的贸易往来。

---

① RCEP：《区域全面经济伙伴关系协定》，15 个成员国分别为缅甸、新加坡、文莱、印度尼西亚、泰国、马来西亚、菲律宾、越南、老挝、柬埔寨、中国、韩国、日本、新西兰和澳大利亚。其中，前十个国家为东南亚联盟成员国（ASEAN）。
② 吴冕，聂子燃，刘裕飞，等.RCEP 下中资企业"走出去"的税务策略与风险应对 [J].国际商务财会，2024（16）：56-60.

（二）与"一带一路"共建国家发展服务贸易

当前，中国新一轮高水平开放的重点在于服务业。服务贸易是共建"一带一路"的重要内容，也是国际贸易竞争力和国家软实力的重要体现，对推动我国经济社会高质量发展具有重要意义。近年来，我国与共建"一带一路"国家持续深化服务贸易政策对接，推进服务贸易多领域务实合作，取得了积极进展。自2013年中国提出"一带一路"发展倡议以来[1]，中国同共建"一带一路"国家建立起良好的贸易发展关系，服务贸易发展不断取得新进展，中国与共建"一带一路"国家的服务贸易额实现快速增长。

第一，从建立合作看，截至2023年6月底，中国已同151个国家和32个国际组织签署200余份共建"一带一路"合作文件[2]，涵盖互联互通、投资、贸易、金融、科技、人文、社会、民生、海洋等领域，覆盖40个亚洲国家、27个欧洲国家、52个非洲国家、11个大洋洲国家、9个南美洲国家和11个北美洲国家。例如，近年来，我国与中东欧国家签署《中国—中东欧国家服务贸易合作倡议》，与金砖国家签署《金砖国家服务贸易合作路线图》，与葡萄牙、阿根廷、巴拿马等多个共建国家签署服务贸易合作文件，并将服务贸易纳入我国与部分共建国家签署的共建"一带一路"合作文件和自贸协定，就深化"一带一路"服务贸易合作达成重要共识[3]。

第二，从贸易规模看，近十年来，中国服务贸易额年均增长率达到6.1%，约是全球平均速度的2倍，其中与共建"一带一路"国家双边贸易额增长33%，为中国服务贸易增长贡献重要力量[4]。根据《中国"一带一路"贸易投资发展报告2021》，2020年中国与共建"一带一路"国家服务贸易进出口额为844.7亿美元[5]，占当年中国服务贸易进出口总额的12.77%，其中，出口额为377.3亿美元，占当年中国服务贸易出口总额的13.44%，进口额为467.4亿美元，占当年中国服务贸易进口总额的12.26%。据商务部统计，2015~2021年，中国与共建

① "一带一路"："丝绸之路经济带"和"21世纪海上丝绸之路"。

② 资料来源：https：//www.yidaiyilu.gov.cn/。

③ 史魏娜，刘帆．推动"一带一路"服务贸易高质量发展［J］．宏观经济管理，2023（11）：12-19.

④ 资料来源：http：//tradeinservices.mofcom.gov.cn/index.shtml。

⑤ 商务部国际贸易经济合作研究院．中国"一带一路"贸易投资发展报告2021［M］．北京：经济科学出版社，2022.

"一带一路"国家和地区服务贸易年均增长 5.8%，占同期国家服务贸易总额的比重从 12% 升至 14.7%，累计总额达 6700 亿美元①。

第三，从贸易范围看，"一带一路"服务贸易合作领域更加多元化。我国与共建"一带一路"国家稳步推进运输、建筑、旅游等传统服务贸易领域合作，同时，加快推进知识产权使用费、金融、个人文化娱乐、电信计算机和信息服务等知识密集型服务贸易合作。在医疗健康服务领域，我国推动建设了 30 个高质量的中医药海外中心、75 个中医药国际合作基地、31 个国家中医药服务出口基地②，为共建国家民众提供优质的中医药服务。在地理信息服务领域，推动在东南亚、西亚、非洲等地区的共建国家应用北斗系统，有力地促进农业、工程施工等领域合作。在离岸服务外包领域，2022 年分别承接共建"一带一路"国家、RCEP 成员国离岸服务外包执行额 1821 亿元、2089 亿元，分别比上年增长 12.7%、4.2%③，分别占离岸服务外包执行额的 20.4%、23.3%，有力地带动生产性服务出口和服务业转型升级。

第四，从设施建设看，立体化互联互通网络上升新高度。以"六廊六路多国多港"为基本框架，共建"一带一路"实现人类命运共同发展，以"互联互通"为主线进一步上升至多维度、立体化联通网络。构建基于铁路、公路的陆地经济，实现海洋运输与陆地运输的联结，推动实现亚欧两大板块的经济再相连。积极推进"丝路海运"港航贸一体化发展，提升资源跨区域有效配置，支撑国际贸易平稳发展。中欧班列是共建"一带一路"的旗舰项目和标志性品牌，是共建"一带一路"国家共商共建共享的重要成果。据中国国家铁路集团有限公司消息，中欧班列开行数量从 2013 年的 80 列快速发展到 2022 年的 1.6 万列（见图 3-1）。中国与共建"一带一路"国家开行的中欧班列不仅降低了跨境运输成本，有利于货物贸易增长，而且带动了中国与沿线国家运输服务贸易的发展。

---

① 资料来源：http：//www.chinanews.com.cn/cj/2023/09-05/10072386.shtml。

② 资料来源：http：//www.nhc.gov.cn/xwzb/webcontroller.do？titleSeq=11481&gecstype=1。国家卫生健康委员会 2022 年 9 月 23 日新闻发布会介绍党的十八大以来中医药科技创新和"走出去"有关情况。

③ 资料来源：http：//www.mofcom.gov.cn/article/xwfb/xwsjfzr/202302/20230203381842.shtml。商务部服贸司负责人谈 2022 年我国服务外包产业发展情况。

（列）

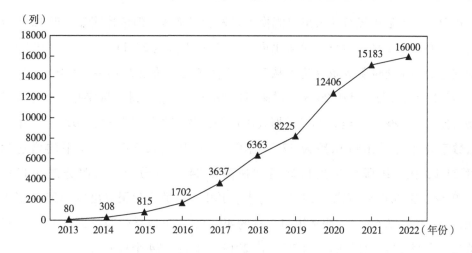

图 3-1　2013~2022 年中欧班列开行数量

五、数字贸易发展势头迅猛

加入 WTO 以来，中国服务贸易发展迅速，已成为世界第二大服务贸易国。随着数字服务贸易规模的扩大，服务贸易结构不断优化，数字服务出口能力显著增强，呈现出新模式新业态的发展趋势。近年来，我国加大了数字服务贸易的政策支持，采取一系列措施优化数字服务贸易营商环境，有效推动数字服务贸易发展①。

（一）数字服务贸易规模在全球地位突出

随着数字技术在服务贸易领域的广泛应用，中国数字服务贸易规模日益扩大，呈高速发展态势。从国际地位对比看，根据 UNCTAD 最新数据，2021 年，全球可数字化交付服务贸易出口规模是 2010 年的 1.03 倍，达 38113.77 亿美元。其中，欧盟数字服务贸易规模占全球数字服务贸易总规模的半壁江山，达53.16%，亚洲次之，占比 25.58%。发达经济体在数字服务贸易中占据主导地位，2010~2021 年，发达经济体可数字化交付服务贸易出口规模从 1.54 万亿美元扩大至 3 万亿美元，年均增长率为 6.13%，在全球服务贸易出口总额中年均占

---

① 黄茂兴，薛见寒. 新发展格局下我国数字服务贸易高质量发展路径研究 [J]. 当代经济研究，2024（3）：49-60，129.

比达 80%。发展中经济体虽出口规模不及发达经济体，但增速明显，近 12 年年均增长率达 9.29%，占全球份额比重由 17.98% 上升至 22.11%。2010~2021 年，中国可数字化交付服务贸易规模从 750.07 亿美元增长至 1948.45 亿美元，年平均增长率为 12.33，其中 2018 年增速高达 28.86%，在全球可数字化交付服务贸易占比从 3.49% 上升至 5.11%。据我国商务部的相关统计数据，2022 年，中国可数字化服务进出口总额为 3727 亿美元，同比增长 3%，三年平均增速达 11.31%，比传统服务进出口规模增速高 8.24 个百分点，占服务进出口的 41.92%，比 2019 年提高 7.23 个百分点。其中，可数字化服务出口 2105.3 亿美元，同比增长 7.6%，占服务出口总额的 49.65%；可数字化服务进口 1621.6 亿美元，占服务进口总额的 34.87%，比 2019 年提高 9.24 个百分点。

数字技术快速发展，增添了国际贸易活力，大幅提升服务贸易效率，极大地拓展了服务贸易的发展空间，促使服务贸易发展边界外延和围度扩大，被各国视为服务贸易发展的未来动力。"十四五"规划明确提出，加快发展数字贸易。2021 年 10 月 13 日，商务部等 24 个部门印发《"十四五"服务贸易发展规划》，鼓励通过多种途径加快服务贸易数字化进程。

（二）数字服务贸易结构水平日益优化

从服务贸易交付具体业态来看，根据联合国贸发会议数据，2021 年，全球 73% 的服务贸易由发达经济体提供，规模为 4.4 万亿美元，欧盟经济体表现最为亮眼。在数字服务贸易结构中知识产权服务占比高达 92%，文化娱乐与金融服务出口占比均在 85% 以上。发展中经济体服务贸易出口规模 1.65 万亿美元，仅为发达经济体的 37.5%，其中数字服务贸易以保险及养老服务出口规模最高，占比超 30%，通信、计算机及信息服务次之，知识产权服务最为薄弱。可以看出，发达经济体在全球数字服务贸易的竞争中占据绝对优势，但发展中经济体具备后发赶超潜力，与发达经济体的数字鸿沟逐步缩小。

在新发展格局下，得益于数字经济的蓬勃发展，中国数字服务贸易结构日益优化，催生跨境电商、在线教育、共享平台、协同办公等新模式新业态，各类数字服务交付业态在国际贸易中占比逐步提升。2021 年，中国通信、计算机及信息服务出口以近 770 亿美元的规模在全球数字服务贸易出口结构中占比最高，达 8.59%，占发展中经济体的 31%。其他商业服务与文化娱乐服务次之，分别占全球数字服务贸易出口的 5.87% 和 3.49%。知识产权服务、保险及养老服务、金融服务出口在全球占比较低，特别是金融服务出口规模仅 51.07 亿美元。

从商务部统计的中国数字服务贸易出口构成近 3 年细分数据看，离岸服务外包是可数字化服务出口的重要模式。近年来，中国企业承接离岸服务外包业务呈现数字化高端化趋势，在云计算、工业软件、数字技术解决方案、工业设计、集成电路和电子电路设计、新能源技术研发、中医药和生物技术医药研发等高技术含量、高附加值领域增长迅速。2022 年，中国企业承接离岸服务外包执行额1368 亿美元，同比增长 5%，占服务出口的 32.26%，对服务出口增长的贡献率为 21.6%；占可数字化服务出口的 65%，对其增长贡献率达 43.7%。其中，增速较快的是信息技术解决方案服务、新能源技术研发服务及互联网营销推广服务。

2013 年，中国可数字化交付服务贸易出口额占世界可数字化交付服务贸易出口额的比重为 3.46%。2021 年，中国可数字化交付服务贸易出口额占世界可数字化交付服务贸易出口额的比重为 5.11%，2022 年，中国可数字化交付服务贸易规模达到 2.5 万亿元①。2017 年，中国可数字化交付服务贸易出口额占比（3.62%）超过日本（3.59%）后，一直领先日本。

六、管理体制建立健全

（一）服务贸易创新发展试点政策体制不断深化

2012 年以来，我国政府相继出台了《服务业发展规划（2011-2015）》《服务贸易"十二五"发展规划》《中国国际服务外包产业发展规划纲要（2011-2015）》，促进中国服务贸易发展的系统、全面、开放和科学的规划体系逐步建立。2015 年 1 月，国务院颁布了《关于加快发展服务贸易的若干意见》。2017年，商务部等 13 个部门印发《服务贸易发展"十三五"规划》。目前，我国针对服务贸易发展最重要、最直接的政策是服务贸易创新发展试点的建设，如表3-3 所示。

---

① 中国政府网. 我国将加快发展数字贸易 [EB/OL]. https：//www. gov. cn/xinwen/2023-03/03/content_ 5744223. htm.

表 3-3 服务贸易发展的主要政策及内容

时间	政策名称	主要内容
2016 年	《关于同意开展服务贸易创新发展试点的批复》	①探索完善服务贸易管理体制 ②探索加大服务业双向开放力度 ③探索培育服务贸易市场主体 ④探索创新服务贸易发展新模式 ⑤探索升级服务贸易便利化水平 ⑥探索优化服务贸易支持政策 ⑦探索健全服务贸易统计体系 ⑧探索创新事中事后监管举措
2018 年	《深化服务贸易创新发展试点总体方案》	①在政府工作中,主要集中完善管理体制、完善政策体系、健全统计体系和创新监管模式四个方面 ②在发展市场体系中,包括扩大对外开放、提升贸易便利化水平、培育市场主体和创新发展模式等方面 ③便利化举措及保障措施

(二) 自由贸易试验区建设进程不断推进

为推动我国改革开放进程,2013 年 9 月,中国(上海)自由贸易试验区正式挂牌,到 2018 年 10 月,中国(海南)自由贸易试验区批准成立。期间,我国已经陆续建设了 12 个自贸区,从沿海到内陆,从 27.78 平方千米到 120 平方千米再到海南全岛,自贸试验区不断扩张升级。自贸区战略成为我国扩大服务业开放、探索与国际接轨的服务贸易体制机制建设的重要载体和平台,是我国不断扩大开放的前沿阵地。

第二节 陕西服务贸易发展的经济贡献度

一、陕西服务贸易总体情况

据中国(陕西)国际贸易单一窗口网站的数据统计①,2022 年,陕西总体进出口总额达到了 72.97 亿美元,实现同比增长 12.5%(见图 3-2),服务贸易整

---

① 资料来源:https://www.singlewindow.shaanxi.cn/c/cbcd9b73-17f3-4c35-947b-d90d68f95e1d。

体处于平稳增长的态势，陕西在国际服务领域的活跃度和竞争力在逐步提升。

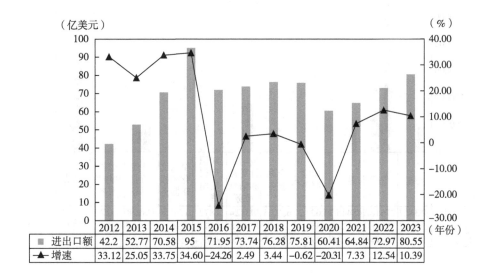

	2012	2013	2014	2015	2016	2017	2018	2019	2020	2021	2022	2023
■ 进出口额	42.2	52.77	70.58	95	71.95	73.74	76.28	75.81	60.41	64.84	72.97	80.55
—▲—增速	33.12	25.05	33.75	34.60	-24.26	2.49	3.44	-0.62	-20.31	7.33	12.54	10.39

图 3-2　2012~2023 年陕西服务贸易进出口总额

具体而言，旅行行业以 27.5 亿美元的进出口总额位居首位，凸显陕西旅游资源的吸引力以及在国际旅游市场上的重要地位。旅游服务贸易的强劲表现，不仅为当地带来了可观的经济收入，也有助于提升陕西的国际知名度和影响力。加工服务行业以 17.2% 的占比排名第二，显示出陕西在加工领域的服务贸易具有一定的规模和优势，反映出其制造业相关服务在国际市场上有一定的需求和认可度。新兴优势行业呈现出良好的发展态势，电信计算机和信息服务进出口达到 9.1 亿美元，较上年增长 12.3%。随着信息技术的不断发展，陕西在这一领域的潜力逐渐显现，有望成为未来服务贸易新的增长点。然而，值得注意的是，传统行业服务贸易的逐渐下滑。这可能是由于多种因素导致的，如市场竞争加剧、技术更新换代、消费者需求变化等。

总之，陕西的服务贸易既有成绩也有挑战。通过合理规划和有效举措，充分发挥优势行业的引领作用，积极推动传统行业的转型发展，相信陕西在服务贸易领域能够取得更加优异的成绩，为经济增长和社会发展注入更强动力。

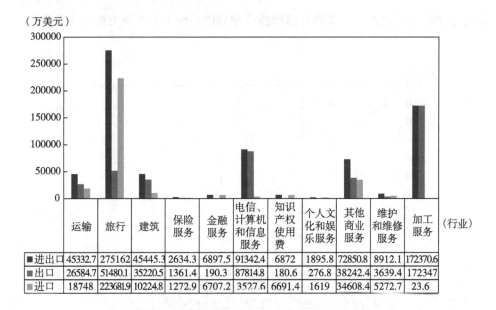

图 3-3 2022 年陕西不同类别行业服务贸易数据

二、传统产业与服务贸易并联发展

服务贸易作为新兴产业，陕西将传统产业与新兴产业相并联，促进产业高质量发展。近年来，陕西在汽车、电力装备、机床、石油、冶金、煤炭、重型装备、轨道交通装备、机器人、3D 打印等重点产业领域涌现出了诸多具有代表性的智能制造新模式应用项目。

（一）地理信息产业

地理信息产业是一项关乎国计民生的朝阳产业。2022 年 3 月，陕西航天经济技术开发区（西安航天基地）成功入选首批国家地理信息服务出口基地。2022 年 9 月，西安航天基地核心企业中航煤测遥感集团在服贸会上正式发布"煤航数字孪生赋能智慧旅游应用平台"。通过平台，游客可以实现"旅游""文史""非遗"的沉浸式视听交互体验。这是陕西地理信息产业与特色文旅产业资源共享、抱团出海的典型。目前"煤航数字孪生赋能智慧旅游应用平台"已经在陕西图书馆新馆成功应用。该平台还入选 2022 年文化和旅游信息化发展典型案例，并作为二十大献礼作品进行展出。

陕西鼓风机（集团）有限公司（以下简称"陕鼓"）的"智慧双碳管理平台"也在服贸会成果发布会上成功首秀。这是陕企积极响应《工业领域碳达峰行动方案》要求，构建"双碳"数字化生态系统的积极行动，为助力"双碳"目标落地再添科技引擎。依托能量转换领域创新基因及分布式能源领域专业优势，陕鼓持续创新"能源互联岛"技术和智慧绿色系统解决方案，目前其服务已广泛应用于石油、化工、能源、冶金、空分等国民经济重要支柱产业领域，覆盖俄罗斯、印度、印度尼西亚等 100 多个国家和地区。

（二）中医药产业

我国中医药已传播至 196 个国家和地区，成为中国与东盟、欧盟、非盟以及上合组织、金砖国家等地区和组织合作的重要领域。陕西作为中医药大省，正加快推进中医药产业发展与合作，让中医药"走出去"，服务越来越多的共建"一带一路"国家和地区的人们。2021 年，首批国家中医药服务出口基地——西安中医脑病医院"探索中医药服务贸易发展新路径"案例入选全国服务贸易"最佳实践案例"。2021 年，西安中医脑病医院与哈萨克斯坦阿斯塔纳医科大学、纳扎尔巴耶夫大学医学院三方联建的西安国际脑病康复中心在哈萨克斯坦首都努尔苏丹正式开诊。截至目前，已有 3700 余人次前往就医。中医诊疗技术在共建"一带一路"国家和地区得到持续推广，中医药服务出口不断扩大，体现了这些国家和地区广大民众对中医药的信任，中医药交流合作已成为共建"一带一路"高质量发展的新亮点。

三、数字贸易发展迅速

近年来，陕西大力发展数字经济，将数字经济纳入经济社会发展的总体战略，聚焦数字产业化和产业数字化，持续培育经济社会发展的新动能，着力打造国家数字经济示范区和全球数字经济优选地。

（一）数字基础设施日益完善

宽带网络是数字贸易发展的基础性技术。根据相关数据①，截至 2020 年底，陕西全省 4G 基站数达 19.3 万个、用户规模上升至 3733 万户，已建成 1.9 万个

---

① 资料来源：http://www.shaanxi.gov.cn/szf/xwfbh/202104/t20210429_2161828_wap.html。

5G 基站、拥有 1027 万 5G 用户。据国家统计局统计，截至 2022 年，陕西移动电话普及率为 122.20 部每百人，较上年同比增长 1.13%。移动互联网用户由 2021 年的 4115.16 万户增至 2022 年的 4167.23 万户。全省移动宽带下载速率位居全国第 12 名、西部第 1 名。此外，工业互联网标识注册量超 2000 万，物联网终端用户总数超过 2700 万户，建成 94 座北斗地基增强系统基准站，北斗卫星导航系统在 41 个行业中得到推广应用。陕西北斗卫星导航定位基准站系统是我国首个全网支持全星座、全频率的高精度定位服务系统。全省 LTE 网络端到端、固定宽带网络端到端、骨干网及重点数据中心均已完成 IPv6 改造，IPv6 支持度在全国排第 9 位。

（二）数字产业经济收入增长

陕西数字贸易发展报告的数据显示[①]，2019 年，陕西软件业务总收入 2869.32 亿元，占全国的比重为 3.98%，同比增长 42.8%。嵌入式系统软件收入 330.81 亿元，占全国的比重为 5.2%，同比增长 219.8%。信息技术服务收入 1847.86 亿元，占全国的比重为 4.2%，同比增长 43%。作为国家软件产业基地和国家软件出口基地、国家电子商务示范基地的西安高新区丝路软件新城，2021 年软件业务收入 3141.39 亿元，同比增长 15%，就业务类型来说，集成电路设计收入 153.28 亿元，同比增长 22.6%；电子商务平台服务收入 70.51 亿元，同比增长 15%；大数据服务收入 4.22 亿元，同比增长 55.7%；云服务收入 2.14 亿元，同比增长 89.4%。全年从业人员 24.35 万人，同比增长 5.6%。

（三）数字贸易方式多样化

数字技术与各行业的加速融合，促进了数字贸易新业态、新模式竞相发展。依托西安国家数字出版基地，陕西积极发展数字文化内容产业，推动数字文化内容产业链相关环节的融合与沟通，促进动漫、游戏、影视、音乐等文化内容形式融合发展；同时，鼓励文化文物单位开发"数字博物""数字文玩"等程序，围绕"书香之城"建设虚拟"数字图书馆"，打造数字文化内容展示品牌活动；西咸新区沣东新城统筹科技资源改革示范基地和自贸数字经济示范园，创建省级数字经济示范园。沣东自贸产业园就发展数字经济编制专项规划（《数字丝绸之路

---

① 资料来源：中国（陕西）国际贸易单一窗口网。

发展规划》）并完成园区一期能耗监控系统等多种系统建设工作。2021 年，全省跨境电商综合试验区建设加速推进，西安电商企业数量仅次于深圳、上海，以 12.68 万家位列全国第三。2021 年，实现跨境电商交易额 98.53 亿元，同比增长 46.32%①。跨境电商的快速发展，正逐渐成为拉动陕西外向型经济发展的新动能，为企业开拓海外市场、激发外贸活力提供了有力支撑。

第三节　西安服务贸易发展成效

西安是中国最早的服务外包基地城市之一，为加快城市服务贸易向高技术层次、高品质水平、高效益效率转型升级，西安积极采取措施、支持创新创业激发企业动力、市场活力。2020 年 8 月，西安获批国家全面深化服务贸易创新发展试点城市后，市政府及时出台《西安市全面深化服务贸易创新发展试点实施方案》，积极推进试点工作任务落实，取得明显成效。西安市商务局公布的数据显示②，2022 年，西安服务外包合同金额为 38.2 万亿美元，同比增长 49.56%。其中，知识密集型服务如信息技术、业务流程、知识流程等在服务外包业务中占据绝大部分。另据数据显示，西安离岸服务外包合同额已达 17.1 亿美元，同比增长率高达 115.5%。从整体来看，西安服务贸易领域在国际市场上展现出良好的发展态势。服务外包产业实现快速增长，呈现以下主要特点：

一、服务贸易发展整体实力增强

（一）知识密集型服务在服务外包业务结构中占据核心地位

2022 年西安市承接服务外包合同总额里，ITO（信息技术外包）有 24.6 亿美元，占比 64.41%；BPO（业务流程外包）5.8 亿美元，占比 15.26%；KPO（知识流程外包）7.74 亿美元，占比 20.28%。执行总额中，ITO 为 17.49 亿美

---

① 资料来源：http：//www.shaanxi.gov.cn/xw/ldx/ds/202201/t20220127_2209071_wap.html。
② 资料来源：西安市商务局.2022 年西安市软件和服务外包实现快速增长［EB/OL］.［2023-1-17］. http：//xasswj.xa.gov.cn/xwzx/swdt/63c66fb6f8fd1c4c21392791.html。

元, 占比 65.89%; BPO 3.91 亿美元, 占比 14.75%; KPO 5.12 亿美元, 占比 19.30%。其中, 以软件信息服务、研发设计等为代表的知识密集型服务外包构成了服务外包业务结构的主体, 服务外包转型升级效果显著。

（二）国际市场取得显著成效

2022 年, 西安承接服务外包合同前三大海外市场分别为瑞典、新加坡、美国, 服务外包合同总额分别为 4.7 亿美元、3.09 美元和 2.88 美元。服务外包执行额前三大海外市场为新加坡、美国、日本。其中, 新加坡服务外包执行额为 3.06 亿美元, 美国为 2.04 亿美元, 日本为 1.06 亿美元。服务外包业务涵盖了 48 个国家和地区, 其离岸执行额大幅增长, 企业在 RCEP 等国际市场上的业务发展迅猛、势头强劲。

（三）企业整体实力增强、龙头企业增多

2022 年, 西安承接服务外包合同额方面, 有 51 家企业超过 500 万美元, 38 家超过 1000 万美元, 11 家超过 5000 万美元; 执行额中, 48 家企业超过 500 万美元, 29 家超过 1000 万美元, 7 家超过 5000 万美元。与上年相比, 业务贡献大的龙头企业数量增加了 6 家, 企业竞争力得到提升, 服务外包业务稳定发展。

2022 年, 西安承接服务外包合同额超过 500 万美元的企业有 51 家、超过 1000 万美元的企业有 38 家、超过 5000 万美元的企业有 11 家。执行额超过 500 万美元的企业有 48 家、超过 1000 万美元的企业有 29 家、超过 5000 万美元的企业有 7 家。业务贡献大的龙头企业数量较上年增长 6 家, 企业竞争力增强, 服务外包业务稳步发展。

三、服务贸易管理体制逐步完善

（一）建立了联席会议机制

为切实加强对服务贸易发展的统筹协调, 西安建立深化服务贸易创新发展试点工作联席会议制度, 负责统筹推进全市服务贸易创新发展工作, 研究解决工作中的重大问题, 推动试点工作任务落实。

（二）建立了试点任务台账

为进一步明确各单位职责, 及时建立了试点任务台账, 坚持一项试点任务原则上由一个部门负责, 涉及多个部门的事项, 明确了牵头部门和配合部门, 为推动工作落实提供了依据和抓手。

（三）出台了扶持政策

在出台的《关于推进贸易高质量发展的工作措施》和《西安市加快推进新时代对外开放补充政策》中，明确提出重点在扩大服务出口、支持示范园区建设、大力培育龙头企业等 8 个方面给予支持，服务贸易支持政策的领域不断扩大。

三、服务贸易开放水平逐渐提升

（一）对外开放领域不断拓展

在司法领域，允许港澳地区律师事务所与西安律师事务所在西安实行联营和聘用内地或港澳律师，拓展了西安律师事务所与港澳地区律师事务所合作范围；在市场监管领域，允许台湾和港澳居民在西安申办个体工商户，实现了首户台湾居民个体工商户登记。

（二）对外贸易通道不断增加

在拓宽贸易渠道方面，西安积极开辟国际货运航线，根据数据统计，2021 年 1~9 月，开通了西安至东京、叶卡捷琳堡、新西伯利亚国际全货运航线，累计已开通全货运航线 38 条，航空货邮吞吐量约 31.37 万吨，完成年度任务的 78%。

（三）对外合作交流不断加强

在合作交流方面，西安积极推进中外合作办学，2021 年 1~9 月，为梁家滩国际学校等学校解决外籍教师来华工作许可相关问题 32 项；成功举办第七届丝路国际电影节，面向全球征集优秀影片 3596 部，其中 90% 为国际影片；与意大利等国合拍了 4 部电影或纪录片；秦腔动画片《三滴血》先后在 6 个国家电视台播出或国际电视节展播。

四、服务贸易示范带动效应增强

（一）建好"两个基地"

一是西安高新区国家文化出口基地用好用足各项政策，累计为企业兑现省市区奖补资金 4200 万元，目前基地已集聚了 4000 余家文化企业，壮大了服务贸易市场主体。

二是推动西安中医药服务出口基地针灸服务"走出去",与境外医疗机构合作建立国际中医药诊疗中心7所,累计接待境外患者就医达1.2万余人次,有效提升了中医药服务出口能力。

(二)抓好"两个试点"

一是通过数字人民币试点,已累计开通"白名单"逾600万个,正式投产应用场景8万多个,为服务贸易创新发展提供了更为便捷的支付体验。

二是以建设体育消费试点城市为契机,积极推进体育与多领域深度融合,通过举办十四运会、西安国际马拉松赛、西安城墙国际马拉松赛等活动,进一步带动了服务贸易发展。

(三)用好"一会一论坛"

一是西安充分发挥丝绸之路博览会平台作用,在第五届丝博会上,西安统筹策划了7场市级重点投资促进活动,来自美国等17个国家和地区的客商齐聚西安,洽谈合作,总签约合同额6538.67亿元,极大地促进了服务贸易的发展。

二是2021欧亚经济论坛在西安成功举办,在本届论坛工商领袖会议暨经贸合作洽谈会主场活动上,西安与国际商协会签署合作备忘录,西安市商务局分别与中国香港贸发局、白俄罗斯莫吉廖夫州莫吉廖夫市经济委员会、第一太平戴维斯物业顾问(成都)有限公司西安分公司等签署合作协议,共同推进西安市与共建"一带一路"国家和地区在更多领域、更大范围的务实合作交流。

五、服务贸易便利化水平提升

2021年,陕西省服务贸易进出口额居全国第13位,综合指数评价稳居全国第二梯队,服务业扩大开放与服务贸易高质量发展协同共进,为全省高质量发展增添了新动能。

(一)人员流动更加便利

对A类高端人才办理工作许可实行"绿色通道""容缺受理""告知+承诺"服务;鼓励用人单位按规定为外籍高端人才建立职业年金。目前,西安已为包括外籍人员在内的75户企业建立企业年金备案,参保人数18368人,基金累计9.6亿元。

（二）资金流动更加便利

指导自贸区空港片区 3 家航空物流服务贸易企业纳入陕西跨境人民币优质企业"白名单"，享受现行政策允许的最简便业务流程。2021 年上半年，陕西服务贸易实现跨境人民币收付 19.19 亿元，同比增长 3.97%。

（三）技术流动更加便利

西安建成了西北首家知识产权保护中心——中国（西安）知识产权保护中心，推进陕西版权贸易与保护平台丝路版权网建设工作，打造西部地区首个一站式 OTO 版权贸易与保护平台。建成了 5 条国际互联网数据专用通道，单带宽达到 100Gbps。

（四）数字服务更加便利

西安高新区在全市率先建立了"亲商助企服务一码通"，实现企业问题随时报、承办进度随时看、督查督办随时查、满意评价随时打。一码通设立以来，已注册企业 2000 余家，入驻产业联盟 68 家，辐射近万家企业。

六、服务贸易监管体系不断完善

（一）建立了企业联系制度

为切实加强对服务贸易企业的联系和服务，西安市商务局梳理了全市各领域 148 家重点服务贸易企业，按行业和属地进行了归类整理，并印发各成员单位，建立了对接联系重点企业的制度。

（二）制定了统计监测制度

印发《西安市服务贸易统计监测系统数据核查、退回和通报制度》，规范了审核企业在商务部统一业务平台申报数据的工作流程，在市级层面为提高服务贸易统计数据质量提供了制度保障。

（三）探索优化通关监管模式

关中海关通过实行进口研发（测试）用未注册医疗器材分级管理，提供通关便利，快速监管放行研发测试用途未注册的进口医疗器械 30 余批，有力地支持了相关科研机构的研发测试工作。

第四章 陕西服务贸易发展的
现状调研及分析

随着全球经济格局的演变与产业结构的优化升级，服务贸易在各国经济体系中的地位日益凸显，成为评判国家贸易实力的关键指标，同时是推动现代经济体系建设、激发经济增长新活力的关键领域。近年来，依托国家"一带一路"倡议的推进及陕西西咸新区被确立为国家服务贸易创新试点区域，陕西地区服务贸易迎来了前所未有的发展机遇期。在此背景下，为强化服务贸易的创新驱动力并提升其高质量发展标准，陕西多地相继推出了相关政策与多元化发展措施，聚焦于推动服务贸易的创新。以西安及西咸新区服务贸易创新试点为核心，逐步拓宽对服务贸易的支持范畴，旨在全面促进服务贸易的繁荣发展。同时，陕西凭借丰富的历史文化资源，不断深化对外开放与文化交流，加速提升开放程度，并致力于服务出口，促进服务贸易发展，引领经济结构优化，推动经济迈向高质量增长，以实现经济结构升级为目标。在推进高水平开放与服务贸易创新发展的过程中，陕西紧握《区域全面经济伙伴关系协定》（RCEP）与"一带一路"的机遇，促进服务贸易与国际接轨。近年来，陕西服务贸易总额持续增长，结构不断优化，展现出众多亮点与优势，为区域的高质量发展注入了新的动力与活力。

第一节　设计和实施调研方案

课题组采取线下驻点与线上调查相结合、实地走访与电话问卷相结合的调研方法，对陕西服务贸易企业发展现状、服务贸易产业结构特征、特色优势板块、产业集聚布局、重点领域等方面的发展现状进行梳理，进而剖析发展瓶颈、明确发展思路。开展的调研工作具体包括如下内容：

第一，搜寻筛选陕西服务贸易企业名录，并按其主营业务进行统计分类；

第二，制作全面详细的调查问卷，在调研时发放给服务贸易企业，进一步了解企业发展情况；

第三，调研西安市商务厅与服务贸易协会，与相关领导进行访谈，获取陕西服务贸易发展状况的相关数据信息；

第四，实地走访部分服务贸易企业，包括5家服务贸易示范企业，309家服贸相关企业，通过实地访谈与发放800份调查问卷的途径获取最真实的数据；

第五，电话访谈，向他们了解企业发展状况和困境等问题；

第六，通过可获取的联系方式与陕西部分服务贸易企业相关负责人联系，通过邮箱或微信发放电子调查问卷，分析问卷统计结果，进一步探究服务贸易实际发展的情况。

通过实地调研、问卷调查、文献检索、比较分析等多种研究方法对陕西服务贸易发展的现状进行分析，在此基础上找出陕西服务贸易发展存在的问题，以此设计解决方案，提出创新举措，为陕西服务贸易发展提出政策建议与理论参考。

第二节 陕西服务贸易创新发展现状分析

一、服务贸易行业总体层面

（一）服务贸易行业进出口额增长明显

近年来，陕西致力于提升对外开放水平，依托其广阔的国内市场规模优势，吸引服务贸易领域的资源与核心要素，并通过加强宏观政策的调控力度，保障了对外贸易的持续稳定增长。2020年8月，西安与西咸新区入选服务贸易创新发展试点，此举措标志着陕西服务贸易进入了一个全新的发展阶段。根据陕西省统计局的数据，2022年陕西进出口总额达到72.97亿美元，实现了12.54%的同比增长，对外贸易展现出稳步增长的态势。进出口总额的增长不仅体现了对外贸易的活力，也从侧面印证了陕西服务贸易领域的迅速发展。如表4-1所示。

表4-1 陕西历年进出口额及增速　　　　单位：亿美元，%

年份	进出口额	增速
2012	42.2	33.12
2013	52.77	25.05
2014	70.58	33.75
2015	95	34.60
2016	71.95	−24.26
2017	73.74	2.49
2018	76.28	3.44
2019	75.81	−0.62
2020	60.41	−20.31
2021	64.84	7.33
2022	72.97	12.54
2023	80.55	10.39

（二）服务贸易产业发展结构不均衡

陕西服务贸易行业结构多样，以旅行、运输、计算机、加工及技术等服务为主导，其中，传统旅行与运输服务持续展现优势，仍旧是该省服务贸易的优势领域。软件科技、网络技术研发、大数据、人工智能、数码科技、信息技术、游戏开发等一批具有国际竞争力的服务贸易产业正在陕西崛起。"科教实力"正在转化为"发展动力"，2021年，陕西知识密集型服务进出口额为16.5亿美元，同比增长16.8%，占陕西服务贸易总额比重达25.5%。在新一轮科技革命与产业变革交织演进的当下，陕西将加快推进文化旅游、中医药服务、地理信息服务、人力资源服务等的数字化提升，支持数字贸易、技术贸易发展，扩大知识密集型服务优势，如表4-2所示。

表4-2　2022年陕西服务贸易数据　　　　　　单位：亿美元

行业	进出口	出口	进口
总额	729715.50	417338.00	312377.50
运输业	45332.70	26584.70	18748.00
旅游业	275162.00	51480.10	223681.90
建筑业	45445.30	35220.50	10224.80
保险服务业	2634.30	1361.40	1272.90
金融服务业	6897.50	190.30	6707.20
电信、计算机和信息服务业	91342.40	87814.80	3527.60
知识产权使用费业	6872.00	180.60	6691.40
个人文化和娱乐服务业	1895.80	276.80	1619.00
其他商业服务业	72850.80	38242.40	34608.40
维护和维修服务业	8912.10	3639.40	5272.70
加工服务业	172370.60	172347.00	23.60

（三）服务贸易企业发展活跃

目前，在陕西发展服务贸易企业中，有50%是自然人投资或控股的有限责任公司，26%为自然人独资的有限责任企业，且85.17%的企业都有5年以上的项目开展经历。服务贸易辐射范围主要包括的国家和地区有中国香港、中国澳门、中国台湾、欧洲、美国、日本、韩国和东南亚等。在这些企业中，超过一半的企业处于行业产业链上游服务环节，37.75%处于产品中游服务，16.67%处于产品下游服务。95.83%的企业服务项目利润占当年净利润的50%以上，发展势头良好。此外，就软件和信息行业而言，陕西90%以上的企业聚集在西安高新区，是陕西知识密集型服务集聚发展的重点地区。以秦创原创新驱动平台推动服务贸易与科技创新融合发展，在西部地区允许港澳地区和内地律所实施联营，开展旅行社保证金改革试点，推行研发类医用设备的信用免检通关。一系列创新举措将陕西教育、科技、产业等方面的优势资源串联，为服务贸易创新发展提供源源不断的动能。

二、数字贸易发展现状

（一）数字产业布局持续优化

根据《陕西省软件和信息技术服务业收入具体情况 3 年数据专题报告》（2020 版），2019 年陕西软件业务总收入 2869.32 亿元，占全国的比重为 3.98%，同比增长 42.8%。嵌入式系统软件收入 330.81 亿元，占全国的比重为 5.2%，同比增长 219.8%。信息技术服务收入 1847.86 亿元，占全国的比重为 4.2%，同比增长 43%。作为国家软件产业基地和国家软件出口基地、国家电子商务示范基地的西安高新区丝路软件新城，2021 年软件业务收入 3141.39 亿元，同比增长 15%。就业务类型来说：集成电路设计收入 153.28 亿元，同比增长 22.6%；电子商务平台服务收入 70.51 亿元，同比增长 15%；大数据服务收入 4.22 亿元，同比增长 55.7%；云服务收入 2.14 亿元，同比增长 89.4%。全年从业人员 24.35 万人，同比增长 5.6%。

（二）数字贸易方式多样化

数字技术与各行业的加速融合，促进了数字贸易新业态、新模式竞相发展。依托西安国家数字出版基地，积极发展数字文化内容产业，推动数字文化内容产业链相关环节的融合与沟通，促进动漫、游戏、影视、音乐等文化内容形式融合发展；同时，鼓励文化文物单位开发"数字博物""数字文玩"等，围绕"书香之城"建设虚拟"数字图书馆"，打造数字文化内容展示品牌活动；西咸新区沣东新城统筹科技资源改革示范基地和自贸数字经济示范园，创建省级数字经济示范园。沣东自贸产业园就发展数字经济编制专项规划（《数字丝绸之路发展规划》）并完成园区一期能耗监控系统等多种系统建设工作。2021 年，全省跨境电商综合试验区建设加速推进，西安市电商企业数量仅次于深圳、上海，以 12.68 万家位列全国第三。2021 年，实现跨境电商交易额 98.53 亿元，同比增长 46.32%。

三、服务外包优势发展

（一）结构逐渐优化，近三年稳步发展

2021 年，陕西服务外包合同额 25.4 亿美元，同比增长 13.2%。2021 年，陕西离岸合同执行额 8 亿美元，较上年下降 10.7%，占合同额的 31.4%。其中，离岸合同执行额 6.4 亿美元，占执行额的 28.7%，增长 7.8%。

（二）产业结构优化进展显著，高附加值业务比重上升

陕西服务外包业务已涵盖信息技术研发、运营和维护、新一代信息技术开发应用、内部管理、业务运营、维修维护、商务、设计、研发等服务外包领域，实现了信息技术外包（ITO）、知识流程外包（KPO）和业务流程外包（BPO）领域的全覆盖。2022 年，陕西 ITO 执行额达 18.5 亿美元，同比增长 36%，占总执行金额的 82.3%；KPO 执行额达 2.7 亿美元，同比增长 24.5%，占总执行金额的 12.1%。以 ITO、KPO 为代表的高技术、高附加值业务比重达 94.3%，成为陕西服务外包业务结构的主体，服务外包产业结构持续优化，转型升级效果明显，如表 4-3 所示。

表 4-3　2022 年陕西服务外包总体情况　　　　单位：万美元，%

合同类别	接包合同		接包合同签约		接包合同执行	
	数量	同比	金额	同比	金额	同比
总计	3275	82.9	253663.7	13.2	224775.3	36.3
信息技术外包（ITO）	2170	28.1	198343.6	8.8	184897.6	36.0
业务流程外包（BPO）	97	94.0	18384.4	44.9	12777.7	78.1
知识流程外包（KPO）	1008	2044.7	36935.7	27.0	27100.0	24.5

（三）服务外包企业稳步发展，实力不断提升

坚持"引""育"相结合，支持市场主体发展壮大，大力培育服务外包龙头企业。就企业类型来看，外商投资企业是陕西服务贸易发展的重要力量。在服务外包离岸业务领域中，外商投资企业合同额为 5.5 亿美元，占合同总额的 68.5%；执行额为 4.5 亿美元，占执行总额的 69%。2021 年，内资企业合同额为 2.4 亿美元，占合同总额的 30.1%；执行额为 1.9 亿美元，占执行总额的 29.7%。港、澳、台商投资企业合同额为 0.1 亿美元，占合同总额的 1.4%；执行额为 0.1 亿美元，占执行总额的 1.3%。外商投资企业在执行总额上领先于本省的内资企业。

（四）招商引资持续开展，产业布局更加完善

2022 年，陕西抓住光电子、人工智能、数字经济、云计算、物联网、先进制造等战略性新兴产业发展机遇，围绕华为产业链、阿里产业链、人工智能产业链、跨境电商产业链等特色产业生态，集中资源，促进一批有影响力的企业落户。目前，已有华为、阿里巴巴、IBM、SAP、艾默生、三星 SDS、施耐德等世界 500 强企业 40 余家，中软国际、东华、软通动力等中国软件百强企业 50 余家落户省内。2022 年西安高新区引入国内首家机器人 3D 视觉厂商埃尔森智能科技、国内光学 MEMS 芯片行业拥有完全自主知识产权的高新技术企业知微传感、上汽深度合作伙伴艾融软件落户，新设立外资服务外包企业 7 家；引进排名 100 强人工智能、互联网、无人机、机器人等硬科技企业投资项目 5 个；引进跨境电商及配套服务企业 5 家。西安经开区全年组织渭北新城签约、第五届丝博会专场签约、"陇上行"投资环境推介会等 5 场重大招商活动，隆基股份、中车永济、天隆科技等一大批龙头企业纷纷增资扩能。西咸新区引入华银健康、海泰克集团、法国必维、易眼看荐等龙头数字企业。服务外包产业规模的不断扩大，为产业链的可持续发展提供了有力支撑。

此外，陕西先后组织了各类展会，有效地宣传了陕西的投资环境和优惠政策。陕西省、市商务主管部门组织企业参加进博会、上交会、丝博会、服贸会等服务贸易、服务外包类重点展会，宣传陕西服务外包产业特色。

（五）各地区建设深入推进，产业载体作用发挥明显

2022 年，围绕产业发展的战略布局，陕西持续加强各服务外包产业载体的

建设。其中，西安高新区作为西安服务外包产业发展的核心区，其合同额及执行额的占比分别为 88.6% 和 90.1%，并且与经开区、航天基地、航空基地、碑林区、浐灞生态区、国际港务区、曲江新区、西咸新区等专业园区共同构成各具特色的服务外包产业集群（以下简称"一核七区+西咸新区"），成为全省服务外包产业发展的主要载体，完成了服务外包合同金额和执行金额的 97% 以上。

其中，西安高新区丝路软件新城在全面升级后，园区能级和开发空间倍增。浪潮产业基地、高精度地基授时系统及空间时频技术研发与应用平台、中兴通讯西安研发中心二区三期、西安长大密封材料生产研发基地等项目已经开工建设。园区商业配套持续完善，园区的营商环境持续优化提升。与此同时，西安高新区通过"自建+外引"模式共形成以 15 家双创载体为核心的孵化集群，积极打造"众创空间—孵化器—加速器—科技园区"全链条孵化体系，构建了"西软众创"组合发展孵化平台，通过"共享活动"、圈层化管理、联动，搭建企业与政府、企业与高校、企业与企业之间的桥梁，实现资源共享，形成了独特的孵化体系。完成国家级孵化器 1 家，国家级众创空间 2 家，省级以上孵化器、众创空间 6 个，新建载体+原载体新增孵化面积 1.4 万平方米。

西安经开区依托先进制造业产业优势，构建了以西安工业设计产业园和西安服务外包产业园为支撑载体的服务外包产业发展载体，重点发展现代金融、研发设计、检验检测、软件与信息服务四大生产性服务外包。当前，经开区集聚国内多家知名企业，形成了七大企业集群：一是以华天、华大等为首的集成电路与电子电路设计服务集群；二是由广联达、中软等 30 余家企业组成的软件研发及开发服务集群；三是金域检验、国华等 20 余家企业的检测检验服务集群；四是中车永济等的新能源技术研发服务集群；五是康龙化成等的医药与生物技术研发服务集群；六是乐叶光伏等的新能源解决方案服务集群；七是鹰之航等的专业业务服务集群。2021 年，西安众邦丝路总部及电线电缆研发生产项目、华天慧创生物模组、龙腾半导体等项目建设进展顺利。

除此之外，西安航空基地以航空为特色，大力发展航空研发设计、技术支持、地勤维修、科普文旅、会展招商、试飞鉴定等为专业特色外包服务，并借助已经形成的工业服务平台、街区经济、商贸服务业等优势产业资源，积极拓展航空技术培训服务外包。

（六）从业人员结构优化

就服务外包从业人员来看，2022 年，全省新增服务外包企业 38 家，新增就业人数 12791 人，全省服务外包从业人员 13.1 万人，大学学历人数 10.8 万人，占从业人员总数的 82.6%。其中，专科学历 4 万人，占大学学历比重的 31%；本科及以上学历 6.7 万人，占大学学历比重的 51.6%。具体包括：本科 5.5 万人，占比 42.1%；硕士 1.2 万人，占比 8.9%；博士 0.08 万人，占比 0.6%。除此之外，其他学历 2.2 万人，占从业人员总数的 17.4%。新增就业人数 12791 人。就人员分布来说，主要集中在以下几个地市：西安（12.89 万人）、咸阳（794人）、宝鸡（604 人）、安康（130 人）。其余各地市均无服务外包从业人员。

四、对外文化贸易现状

（一）文化总体规模持续扩大

从陕西省文化产业营业收入上来看，第四次（2018）全国经济普查数据显示，全省文化产业营业收入达到 1594.5 亿元。而全省文化产业前三期的数据分别为 151.6 亿元、235.5 亿元、751.1 亿元，增速明显，增幅较大。具体到文化产业增加值，2020 年，陕西全文化产业增加值为 693.9 亿元，占 GDP 比重为 2.7%。自 2018 年开始，陕西文化产业增加值和 GDP 占比略有下降。结合第四次全国经济普查，国家统计局对各省文化产业增加值进行了重新核定，大部分省（市、区）下降比较严重。

从陕西规模以上文化企业发展来看，2021 年，全省规模以上文化企业为 1609 个，完成营业收入 1094 亿元，同比增长 5.8%，文化企业数量相较于 2015 年增长 1.4 倍，营业收入增长 0.9 倍。2015 年，全省规模以上文化企业只有 676 个，营业收入 586.4 亿元。陕西规模以上文化企业总体规模不断扩大，发展迅速。2017~2019 年，规模以上文化企业数量增速明显加快，反映出"十三五"期间陕西对文化企业发展的政策支持成效显著。2020 年，文化企业营业收入略有下降，但总体上影响不大。

就从业人员数量的构成而言，2018 年底，陕西文化及相关产业法人单位达 5.2 万个，相较于 2013 年底增长了 203.1%，从业人员增至 42.9 万人，涨幅为

53.8%。其中，经营性文化产业法人单位 4.7 万个，增长 235.7%，从业人员 37 万人，增长 75.9%，这五年间的变化显示出显著的从业人员扩张趋势。总体来看，陕西文化产业营业收入和效益快速提升、单位和人员数量持续增加，全省文化产业持续良好发展态势。文化产业作为陕西的支柱性产业之一，对促进陕西经济社会发展的助推作用日益凸显。

（二）文化产业结构不断优化

传统文化产业继续稳步发展，新兴领域文化产业快速增长。从三大产业类型来看，2021 年前三季度，陕西文化制造业实现营业收入 312.2 亿元，同比增长 26.7%，实现营业利润 48.7 亿元，是上年同期的 117.5 倍，两年平均增长 187.6%。文化批发和零售业实现营业收入 122 亿元，同比增长 16.2%，两年平均增长 2.5%，实现营业利润 3 亿元，同比增长 14.1%。文化服务业实现营业收入 327.3 亿元，同比增长 15.1%，两年平均增长 5.8%。三大产业总量占比趋于合理，文化服务业在文化产业中占比最高，成为全省文化产业发展的主要力量，说明陕西文化产业结构不断优化。

文化投资运营、新闻信息服务业等重要领域增速明显。其中，新闻信息服务业同比增长 36.0%，两年平均增长 39.9%。从行业营业利润看，新闻信息服务业同比增长 260.1%，两年平均增长 124.9%，文化传播渠道业增长 18.9%；文化消费终端生产业增长 70.7%。这些文化产业快速发展的背后离不开强力的人才支撑，新闻信息服务业从业人员同比增长 118.3%，创业设计服务增长 9.2%，文化传播渠道增长 1.9%，文化消费终端生产增长 31.8%。

（三）文化产业新兴领域快速增长

以网络信息服务业为代表的新业态成为引领文化产业全方位转型和高质量发展的重要途径。根据陕西省宣传部文化体制改革和产业发展办公室数据，2020年，陕西以"互联网+"为基础的线上文化企业实现营业收入 181.2 亿元，同比增长 39.6%。在细分领域中，互联网搜索服务实现了显著的营收增长，营业收入为 10.0 亿元，与上年同期相比增长了 420.9%。此外，互联网其他信息服务也表现出强劲的增长势头，营业收入达到 103.1 亿元，同比增长 50.6%。互联网广告服务、互联网游戏服务、动漫和游戏软件开发、动漫和游戏数字内容服务以及互联网文化娱乐平台分别实现了 34.8 亿元、10.3 亿元、6.9 亿元、3.4 亿元和

0.7亿元的营业收入，同比增长率分别为27.4%、9.5%、23.5%、12.7%和12.1%，各细分领域均呈现出稳健增长的态势。

五、中医药服务贸易现状

陕西中医药服务贸易起步较晚，但凭借着自身的资源和产业优势，经过几年的发展，也形成了若干具有国际竞争力的优势产业和骨干企业。西安海关统计数据显示，2021年，陕西中药材出口总额0.48亿元，同比下降1.9%。2021年，陕西省中成药出口总额0.2亿元，同比增长50.3%。西安中医脑病医院作为陕西中医药服务贸易发展的重要抓手，自2019年12月获批国家中医药服务出口基地至今，采取了一系列措施推动陕西中医药"走出去"。

（一）中医药政策体系日益完善

2015年，陕西省政府出台《关于促进中医药健康服务发展的实施意见》，明确提出加强中医药对外合作交流，以促进服务贸易发展。为深化与共建"一带一路"国家中医药合作，积极利用中医药诊疗中心作为展示窗口，助力中医药文化及技术的国际传播与发展。建好国家中医药服务出口基地，发展中医药服务贸易。推进中医药国际教育合作，吸引国外留学生来陕接受中医药学历教育、培训和临床实践。2017年发布的《陕西省中医药发展战略规划（2017—2030年）》提出到2030年全面建成中医药强省的目标。明确了切实提高中医医疗服务能力、大力发展中医药健康服务、扎实推进中医药继承、着力推进中医药创新、发展壮大中药产业和推进中医药文化传播与海外发展六项重点任务。2020年，陕西省委省政府联合发布了《关于促进中医药传承创新发展的若干措施》，旨在通过完善中医药服务体系、强化中医药健康服务特色、推进中医药信息化等八个关键领域，提出促进陕西中医药服务贸易创新发展、高质量发展的重点任务和具体安排。各地市跟进出台了促进中医药健康服务发展的方案和意见。西安、宝鸡、安康等先后出台了"中医药发展战略规划""关于促进中医药健康服务发展的实施方案""关于加快推进中药材产业发展的意见"等政策措施，陕西省卫计委、陕西省药品监督管理局等相应地出台了"中药饮片管理专项""中药制剂备案管理"等实施方案。对涉及中医药生产、服务、管理等各个环节给予清晰的政策指引。

（二）中医药技术水平不断提高

中医药医疗机构快速增长，中医药服务网络覆盖全省。陕西现有中医医院184 所（含中西医结合医院），其中公立中医医院 112 所（省级 4 所、市级 9 所、县级 99 所），社会力量举办 72 所。中医门诊部 66 家，备案中医诊所 1039 个。建成 1786 个社区卫生服务中心、乡镇卫生院中医馆（100%）、示范性中医馆 208个。全省中医医院拥有床位数 3.72 万张。全省中医医院、中医门诊部在岗职工4.59 万人，卫生技术人员 3.95 万人，其中，中医执业（助理）医师 1.15 万人，注册护士 1.76 万人。中医医院总诊疗人次 1373.1 万人，出院总患者 91.67 万人，病床使用率为 66.2%[①]。

科研与教育资源优势较为突出。陕西相继创建了 1 个全国中医临床研究基地、1 个全国重点中医药科研机构、3 个国家级中医药重点研究室和 23 个中医药重点学科、36 个省级中医药重点研究室和 72 个中医药重点学科等科技创新平台。长安米氏内科、西岐王氏济生堂中医儿科获批国家中医学术流派，新建 25 个"长安医学"中医学术流派传承工作室，加快学术研究和传承发展。3 名国医大师、2 名全国名中医、1 名青年岐黄学者、162 名省级名中医、237 名市级中医和3.59 万名中医、药剂、医技人员，为中医药事业发展提供了强大的人才支撑。

陕西拥有陕西省中医医院、西安市中医医院、陕西中医药大学第二附属医院等具备较高医疗水平的三甲医院，作为中医药产业链下游和研究的重要支撑，为陕西中医药发展奠定良好基础。陕西拥有包括西安交通大学、第四军医大学等在内的近 10 所高校和 22 所大中专院校开设中医药等相关专业，并拥有超过 40 家如陕西省中医药研究院这样的研究机构，从业人员规模超过 2 万人，整体科技实力居全国前列。陕西中医药大学已为国家培育了逾 10 万名杰出的中医药人才及超过千名的海外留学生。根据《中药大品种科技竞争力报告（2019 版）》，陕西入围的中药大品种产品数量、总科技竞争力在 30 个省份中排名第 10 位，在全国中上游。陕西中药大品种产品平均竞争力居第 18 位。

（三）中医药全产业链加快布局

陕西居中药资源大省之列，中药材年产量近百万吨，为中药工业、大健康产

---

① 资料来源：陕西省中医药管理局科技产业发展处。

业提供了优质原料。中药材分布广阔，资源丰富：境内秦巴山、陇山和乔山等分布有药用植物、动物及矿物等中药资源共计 4700 余种，天然中草药 3921 种、重点品种 283 种，规模化种植中药材 70 余种，约占全国药材种类的 30% 以上，340种药材被收入《中国药典》。

中医药产业实现规模化发展，中医药产业经济效益日益凸显。全省现有中药材种植（养殖）企业、合作社 1960 家，种植面积排名全国前 5（2020 年全省种植面积有近 500 万亩），林麝人工养殖 2.6 万余只，养殖规模位列全国第一，占全国人工养殖总量的 70% 以上。中药材年产量过百万吨、产值约为 120 亿元。陕西拥有 176 家中药制药企业，持有 2891 个中药生产批准文号，生产近 1000 种中成药（包括 285 种独家品种）。此外，有 430 家经营中药材、中饮药片以及中药综合批发企业，以及 137 个中药产业园区。2020 年，陕西中药工业的年产值达到了约 400 亿元。陕西已成功构建了涵盖陕南、关中、渭北及陕北的中药材种植（养殖）产业集群，并在西安、咸阳及杨凌地区设立了中药材加工与中药制造产业园区。

植物提取物规模优势明显。陕西是中国植物提取行业发源地之一，也是我国植物提取物主产区和植物提取产业第一大省，占据全国植物提取物原料市场份额的 70%。据不完全统计，全省有 600 多家植物提取企业，2000 多种产品，连续10 余年保持了 20% 以上的增速。陕西植物提取物出口已经成为陕西外贸发展的重要领域，出口产品以水飞蓟提取物、银杏液汁及浸膏、越橘提取物、甘草提取物为主，出口额由 2011 年的 0.8 亿元上升至 2017 年的 7.5 亿元，年均增长率达45.2%。作为陕西植提行业的龙头企业，嘉禾生物拥有 400 多种天然植物提取物的生产工艺，年产值 10 亿元，拥有国内外客户 2000 家。2017 年，该公司出口额达 7146.7 万美元，在当年全国植物提取物出口 20 强企业中名列第四。美国、欧盟国家、韩国为主要出口市场。

（四）积极拓展跨境医疗健康服务

在提供诊疗服务方面，陕西中医药机构除做好省内的服务工作外，还积极拓展跨境医疗服务的实现方式。

为方便境外患者诊疗费用跨境结算，协助患者完成外国医疗保险赔偿认定，保障患者利益，解除患者对治疗费用的后顾之忧，在陕西省商务厅、西安市商务局和浐灞自贸区、国际港务区有关部门的大力支持下，西安中医脑医院探索通过"通丝路"陕西跨境电子商务人民币结算服务平台实现跨境支付。2021 年 5 月，西安中医脑病医院正式入驻"通丝路"跨境电子商务人民币结算服务平台，使国际医疗费用跨境支付更便利。

大力拓展海外服务市场，促进中医药服务出口。西安中医脑病医院积极推进海外中医药诊疗中心建设，构建"五带"中医药服务链。先后在孟加拉、印度尼西亚、俄罗斯、哈萨克斯坦等"一带一路"国家共建 6 家国际中医药诊疗中心。2018 年至今，陕西中医药大学累计为境外患者提供医疗保健服务 665 人次，其中，线上服务 480 人次，线下服务 185 人次。

积极打造中医药服务贸易新型网络平台，推动"互联网+中医药"新模式。为了克服新冠疫情对中医药服务出口的影响，西安中医脑病医院积极进行线上国际交流及抗疫，通过国际医患交流微信群发布防疫知识 30 余次，保持与俄罗斯、哈萨克斯坦等国境外残疾患儿及家属的联系，关注残疾患儿的治疗与康复情况。同时，开展远程国际会诊及定期回访。通过电子邮件为来自俄罗斯、哈萨克斯坦等共建"一带一路"国家患有孤独症、脑瘫等脑病的患者提供 20 余次免费医疗咨询服务。医院定期组织主治医生、康复治疗师及护士为境外患者进行国际视频远程会诊共 10 余次，开展一对一的阶段性家庭康复指导。在这一过程中，西安中医脑病医院也实现优质医疗国际公共服务平台的建设和完善，先后建立了"国际智慧医院+"平台、外语（俄文、英文）微信公众号、国际远程医疗云平台、国际交流微信群。

（五）中医药国际教育与培训快速增长

作为陕西高级中医药人才的摇篮，陕西中医药大学始终积极承接海外中医药培训任务，为促进中医药"走出去"提供教育与培训服务。

首先，积极选派优质师资，承担高水平短期援外培训任务。陕西中医药大学利用自身的师资优势，以中医药文化研修班的形式拓宽中医药文化"走出去"的渠道。2018 年，承办商务部援外培训"2018 年一带一路国家中医药文化研修班"任务。2019 年，学校获批商务部"冈比亚医疗护理技术培训班"项目，同年 9~12 月，学校选派优秀师资培训来自冈比亚 25 名学员，培训内容涵盖中医药文化及医疗护理相关技术与流程。

其次，建立陕西中医药大学"大医学堂（国际版）"中医药在线教育平台。通过大数据背景下新型在线教学环境的设计与应用课题的研究，学校建设有"大医学堂"（国际版）中医药在线教育平台项目，以推动中医药权威知识、文化在世界范围内广泛传播，为海外学子了解中医、学习中医提供更高效、便捷的学习方式，加强与海内外高校的沟通。

（六）对外合作交流深入发展

陕西已与超过 30 个国家在中医药领域建立了交流与合作关系，并成功设立了 2 处海外中医药服务中心。其中，西安中医脑病医院在哈萨克斯坦与俄罗斯分别建立了中医儿童康复诊疗中心。此外，陕西中医药大学荣获国家丝绸之路中医药合作基地项目，在罗马尼亚及俄罗斯成立了中医诊疗中心。西安中医脑医院还积极开展国家学术交流，推广中医药特色诊疗技术。2021 年 3 月 30 日获批澳台港中医师联合促进会中西医结合脑病专业委员会，设立澳台港中医师联合促进会陕西省西安市办事处。2021 年 6 月 18 日至 21 日，西安中医脑医院安徽合肥顺利举办了第九届全国儿童康复、第十六届全国小儿脑瘫康复以及第四届世中联脑瘫诊疗与康复学术大会，设置 10 个分论坛，来自中国 30 个省、自治区和直辖市以及国际的专家、学者和康复技术骨干参会交流，现场及在线累计参与人数 10 万多人次。2021 年 7 月，西安中医脑医院参加在南昌召开的 2021 上海合作组织传统医学论坛，8 月参加在长春召开的世界中医药大会第六届夏季峰会。2021 年 10 月，西安中医脑医院与西安市中医院联合承办欧亚经济论坛"第三届国际中医药交流合作论坛"。

陕西中医药大学也积极利用国家政策支持和自身条件优势，大力开展国家中医药交流与合作，先后为 30 多个国家和地区培养了 3000 多名中医药人才。同美国、加拿大、韩国、中国台湾、中国香港等国家和地区的高校建立校际合作交流关系。积极投身"一带一路"中医药传播事业，先后获批国家丝绸之路中医药国际合作基地（陕西）、中国—瑞士中医药中心（日内瓦），在俄罗斯、瑞士、罗马尼亚、赞比亚成立了中医药医疗中心，设立了丝绸之路中医药国际合作基地英国工作站，进一步拓宽对外交流渠道，提升了综合实力和国际影响力。

第三节　陕西服务贸易创新发展问题分析

陕西外贸进出口展现稳健增长态势，经济实力逐步提升。然而，受地理位置制约，位于西北部的陕西在交通运输上受限，导致陕西外贸发展较发达城市滞后。此外，服务贸易的发展理念与管理机制明显落后，阻碍了服务贸易向高质量转型的进程。因此，陕西在推进服务贸易高质量发展方面仍面临多重挑战，总体水平与发达地区相比差距较大，国际竞争力弱，发展中存在"不平衡"状态，成为制约因素。

一、陕西数字贸易发展面临的主要问题

（一）加速推进数字基础设施建设进程

陕西数字基础设施建设虽获得显著进展，但与东部发达地区相比仍存差距。根据《中国区域数字贸易发展竞争力评价报告》，2019 年，陕西数字贸易发展竞争力居全国第 16 位。当前数字基建水平未满足经济社会发展对其增长的需求，急需加快普及新一代无线通信、物联网、车联网、虚拟现实等新应用，提高互联网带宽覆盖率、降低资费，逐步缩小陕西与东部地区数字经济发展的差距。

（二）数字化技术及研发投入偏低

根据陕西省统计局公布的《2020 年陕西省研发经费投入情况概览》，2020 年，全省研发经费支出 632.33 亿元，较 2019 年增长 8.2%，研发经费总量排名全国第 14 位。全省研发经费投入强度（研究与试验发展经费与地区生产总值之比）为 2.42%，较 2019 年提升了 0.15 个百分点，比全国平均水平高 0.02 个百分点，陕西虽然排名全国第 7 位，但与排名前 6 的北京、上海、天津、广东、江苏、浙江等省市相比，在数字技术发展方面仍存在一定的差距。

（三）应用市场尚未成熟

当前，陕西在数字经济的新兴应用及市场培育上显示出滞后性，其应用范围有待拓宽，企业数字化转型进程迟缓，成长与扩展遭遇诸多阻碍。具体而言，多

数企业仅局限于生产环节的数字化升级，缺乏从战略层面出发的全面规划。此外，这些企业往往依赖传统技术部门推动转型，没有设立专门的机构系统应对数字化挑战，从而制约了相关业务的推进。部分企业管理层对数字化的理解仅局限于办公流程的电子化，或者出于对转型风险的担忧，导致中小企业在数字化道路上进展迟缓，影响了整体数字经济的发展步伐。

（四）数据赋能能力不足

目前，陕西的数据资源还存在数据共享平台欠缺、数据资源开放性和交互性不足、数据利用率低等问题。地方性数据开发和应用法规依然空白，数据应用机制有待完善，缺乏高效平台支持数据汇聚、流通、挖掘及应用，大数据市场参与主体数量依然不足，无法凸显信息时代的数据赋能作用。

（五）缺乏数字产业发展重要载体

相比其他拥有国家数字服务出口基地的省市来说，陕西在数字产业发展方面依然处于劣势。拓展数字服务出口，打造区域数字贸易发展新高地，还有大量的工作要做。数字基地建设和创新体制机制方面缺乏依托和指导，难以形成新的格局。

二、陕西服务外包发展面临的主要问题

（一）服务外包产业规模小，行业龙头企业少

在服务外包产业发展情况指标中，承接离岸服务外包执行额规模小，导致承接服务外包业务执行额增速低于示范城市平均水平。根据商务部服务外包及软件出口信息管理系统的统计，就西安来看，2020 年服务外包企业数量为 109 家（按执行额）。其中，中软国际和力成半导体两家企业承接服务外包执行额分别为 9.3 亿美元和 1.6 亿美元，两家企业占西安服务外包执行总额比例达 67%，其他 107 家当年申报业务的企业只占 34%。中小企业占较大比例，企业规模小，对服务外包产业发展的贡献能力小，直接影响全市服务外包产业规模的提升。自 2019 年以后，一方面中美贸易减少影响了企业离岸服务外包业务，另一方面新冠疫情也是影响因素，企业服务外包业绩下滑，导致企业在服务外包业务系统报送数据的积极性降低。2020 年，服务外包企业占注册登记企业比重仅为 0.12%，远低于全国 0.3% 的平均水平。

（二）服务外包示范园区作用发挥不明显

根据西安市商务局提供的资料，在西安 8 个服务外包示范园区中，2020 年，高新区企业上报的服务外包业务额占比 95%，经开区占比 2.9%，西咸新区占比 0.9%，碑林区占比 0.5%，航天基地、国际港务区、浐灞生态区的服务外包业务大幅萎缩，航空基地、曲江新区业务额为零，其他区县服务外包业务基本为零。加之近几年服务外包园区公共服务平台建设项目逐年减少，步伐放缓，影响了园区示范作用的发挥。

（三）人才供求存在结构性矛盾

根据陕西省科技厅的数据，西安高新区丝路软件新城作为国家火炬计划软件产业基地，国家火炬计划软件产业基地评价结果显示，西安软件园综合评价 2018 年排全国第四名。2019 年排第六名，2020 年综合排名位列第五。尽管陕西会聚了众多高等院校及科研机构，教育资源丰富，但仍难以充分满足服务外包行业迅速扩张的人才需求。服务外包企业普遍面临招聘难度大、人才培养难度高和人才留存难度大的问题。当前教育体系下培养出的人才，往往因缺乏项目实战经验和实际操作能力而与企业实际需求相悖。此外，兼具专业技能与项目管理能力的复合型人才稀缺，中高级技术与管理岗位人才供不应求，因此企业需投入大量资源进行内部培训。除此之外，由于地处中国西部，开放程度远不及沿海开放城市，虽吸引了一大批留学生回国创业，但因为人力资源开发缺乏人才国际化理念，培训资源与国际联系不够紧密，因此从人才的综合素质和国际化程度来看，与一线城市间存在不小的差距。

（四）政策动态监测及评估有待加强

在服务外包政策支持的落实方面，缺乏相应的动态监测及评估机制，长效稳定地发挥指导及鼓励功能相对不足，政策评估的滞后不利于产业发展。同时，随着近年来服务外包新业态的发展和线上教育新技术的应用，省内服务外包培训机构数量逐年减少，培训业务持续萎缩，导致培训人数下降。就西安来看，2020 年培训 7645 人，仅占示范城市平均培训人数 1.36 万人的 50%。除此之外，在调动企业积极参加各类展会、加强合作交流的引导与推动方面较其他城市略显不足。2020 年，西安参加境内外服务贸易类展会企业数量为 20 家，远低于示范城市 77 家的平均水平。

三、陕西对外文化贸易发展面临的主要问题

（一）文化服务贸易产品类型少

陕西文化资源丰富且源远流长，但对于文化资源的挖掘、整合以及利用程度不高，丰富的文化资源并没有转化为现实的产业竞争优势。2019 年，电影《疯狂斗牛场》和《大漠驼铃》入选了国家文化出口重点项目。2021 年，西安曲江丫丫影视文化股份有限公司的《西京故事》、陕西广电影视文化产业发展有限公司的《鸟语人》获批 2021~2022 年国家文化出口重点项目。在一定程度上反映了陕西高度重视文化出口工作，但总体上来看，文化服务贸易项目没有很好地打入国际文化市场，尚有大量丰富的文化资源有待充分开发。与此同时，这些文化贸易项目多是政府主导的非营利性文化交流项目，文化出口贸易并未获得足够多的经济效益和社会效益。

（二）文化服务贸易专业人才缺乏

发展文化产品和服务的贸易需要熟悉文化发展规律，精通国际市场规则，同时掌握产权知识，并能提供法律服务的跨学科、复合型人才。但目前陕西缺乏这种既精通语言又具备文化服务贸易专业技能的高素质人才。专门开设对外文化贸易课程的高校数量极少，人才培养缺乏专业基础和保障。陕西自贸区知识产权办公室虽然配置了具备专利执法资格的专业执法人员，但实践经验比较欠缺。与此同时，伴随着国家文化"走出去"战略以及"一带一路"倡议的深入开展，陕西文化服务贸易发展将迎来新的战略机遇期，对文化服务贸易方面的专业人才需求更甚。

（三）文化龙头企业不足

陕西文化企业较多，但具有出口业绩的文化企业较少，特别是有文化产品和服务直接出口的企业并不多。不仅如此，文化产品与服务贸易缺乏龙头企业的带动。在 2019~2020 年国家文化出口重点企业名录里，陕西仅 2 家企业入围，分别为荣信教育文化产业发展股份有限公司和西安点告网络科技有限公司。而在 2021~2022 年国家文化出口重点基地企业名单中，陕西也只有西安曲江丫丫有限影视文化股份有限公司和陕西广电影视文化产业发展有限公司两家企业入选。文化出口重点企业数量偏少，特别是与北京、江苏、广东、上海等省市差距较大。

四、陕西中医药服务贸易发展面临的主要问题

（一）服务贸易政策体系与统计制度不完善

如前所述，陕西各级政府近年来陆续出台了有关中医药发展的战略规划、发展规划与实施意见。但是，这些政策大多是面向省内和国内医药发展的顶层设计，对中医药进出口贸易和国际交流合作的方面关注不够，只有极个别文件有所提及。而以中医药服务贸易为主体的纲领性文件和具体性措施，迄今尚未出台，这成为制约陕西中医药服务贸易进一步发展的阻碍。与此同时，有关中医药服务贸易进出口的统计制度和监测制度尚未完善，缺乏有效的统计途径。这对相关部门真实、全面了解陕西省中医药服务贸易整体情况发展造成了不便，也影响了政策支持力度和资源分配。

（二）中医药"全产业链"体系性不强

植物提取业作为陕西中医药发展的特色产业，也是陕西中医药对外贸易的重要组成部分，在全国范围内具有较为明显的比较优势和竞争力。但依然面临着发展不均衡、无统一质量标准、企业品牌意识差、整体发展水平不高等问题。全省植物提取企业侧重发展中医药贸易业务，自主生产加工能力不足。许多企业只作为发达国家医药保健行业初级原料供应商。目前，我国的植物提取物鉴定机构主要集中在北京、上海、广州等地，陕西乃至中西部地区均无植物提取物权威鉴定机构，植提企业面临着无法就近进行货物鉴定和报关出口的问题。中医药服务贸易必须依托"技术—服务产品—服务机构—市场营运—产业化发展"的有效运作。就此而言，陕西中医药服务贸易从技术创新到产业化发展的各个环节间缺乏内在的必要联系，没有形成完整的产业链。与此同时，陕西的中医药对外交流与合作均以带有文化宣传性质的展示为主，商业性收入较少，且大多服务是无偿性的。2018年至今，陕西中医药大学累计为境外患者提供医疗保健服务665人次，但只有线下57.59万元的收入额。为境外留学生提供学历教育或短期培训累计达190多次，均为无偿性服务。中医药外文出版物销售等文化类服务累计380人次，以及其他包括宣传中国黄帝陵及中医药文化、防疫相关的各种服务均未产生服务金额。

（三）中医药服务贸易的复合型人才较为缺乏

在中医药领域，陕西缺少从事中医药服务贸易的高素质、综合型人才，中医

院校教育结构也缺少对从事中医药服务贸易专门人力资源的培养。同时，中医药海外中心对派驻海外的中医专家提出了双重要求：既要拥有深厚的中医理论基础与丰富的临床经验，又需具备良好的外语沟通能力。然而，受限于海外中心规模及国内可派遣的中医药人员的数量，能够直接地为当地居民提供中医药服务的专家数量相对有限。

（四）中医药在海外发展受到国外法规限制

海外各国关于传统医学的法律与法规，尤其是针对中医医师执业及中药产品注册的诸多限制，构成了中医药服务贸易发展的壁垒。此类制约不仅阻碍了中医药独特优势的展现，还加剧了中医药服务贸易机构在海外运营的成本负担，对中医药国际化进程形成阻碍。

（五）中医药服务贸易海外市场有待拓展

2021年，中国中医药贸易进出口依然呈现出强劲的增长势头，但通过对中医药海外国际营销网络进行总结，不难发现中医药服务贸易海外布局较为单一和固化，仍有广阔的市场空间有待挖掘。就全国而言，植物提取物最大的出口市场是美国，其占据了整个植物提取物出口市场的1/4，在中美贸易降低的背景下，寻求其他的替代性市场对于稳定中医药贸易出口、降低贸易风险意义非凡。中药材出口方面，亚洲是主要市场，越南超过日本成为我国中药材出口第一大市场。中成药出口方面，亚洲市场表现良好，东盟、日韩对常规中成药的需求回暖，拉动我国中成药出口亚洲市场的整体增长。就陕西而言，中医药贸易出口主要面向东南亚、日韩、共建"一带一路"国家（俄罗斯、中亚等国）。在世卫组织对中医药认可度日益提升和国际社会对中医药逐渐了解的环境下，应加快中医药贸易在欧洲、非洲和南美市场的开发，进一步释放中医药海外贸易活力和动能。

第四节　陕西服务贸易创新发展的引领思路

陕西需全面升级服务业与服务贸易在开放型经济体系中的战略定位，遵循"把握机遇、推动创新；依托优势、强化竞争；结合制造业、优化生态；拓宽开放、防控风险"的战略导向，致力于服务贸易产业的高质量发展及企业竞争力的持续提升。遵循《全面深化服务贸易创新发展试点总体方案》的指导，陕西高新区应制定深化服务贸易创新发展的目标框架：明确以促进陕西服务贸易高质量发展为核心，通过多维度策略，实现服务贸易与企业竞争力的双重飞跃。服务贸易规模持续增长，预计至2025年，服务贸易总额将超135亿美元，占对外贸易的比重实现新的提升。服务贸易结构持续优化，新兴服务领域占比逐年攀升，国际市场布局趋于均衡，特别是对共建"一带一路"国家服务出口比重稳定增长，推动全球服务贸易格局优化。为此，提出以下发展思路以促进服务贸易创新发展：

（1）加强规划引导。将服务贸易发展深度融入省级经济发展与区域经济布局规划，强化其作为外贸增长稳定器及新竞争优势培育的关键角色，并纳入政府绩效评估体系，优化考核机制以确保有效推进。

（2）优化发展环境。强化服务贸易宣传力度，营造有利于其发展的社会环境。深化商业制度革新，营造公平、透明的营商环境。鼓励行业协会和商会制定行业自律规范和职业道德准则，推进诚信体系建设，维护市场秩序。实施知识产权保护、劳动与医疗保障等政策，建立服务贸易的预警和应急机制。

（3）完善财税政策。有效利用国家和省级外经贸发展资金，增强对服务贸易的财政扶持，优化资金配置，明确支持方向，激励社会资本对服务贸易的支持力度。落实国家税收优惠政策并配合"营改增"政策，对服务出口实施零税或免税政策，以促进服务出口的增长。

（4）建设重点集聚区。西安作为国家服务外包示范城市，应扩大服务外包产业规模。利用西安高新区、经开区和出口加工区，打造软件开发和文化创意等服务产业集群。同时，建立商贸服务区，吸引跨国公司设立地区总部、研发、营销和财务中心。

（5）支持企业技术创新。激励企业加大研发力度，培育自主知识产权的关键技术。支持服务贸易企业引入先进技术与设备，增强创新与技术吸收能力。

（6）提高服务贸易便利化水平。强化监管效能，为服务贸易通关提效降本，促进服务贸易产品进出口的便捷化，并为重点企业人员提供便捷的出入境手续，优化外汇管理。

（7）建立营销网络。支持服务贸易企业参与国内外展会，深化国际合作，加速企业国际化进程。拓宽服务出口途径，构建跨境支付和自然人移动等多种模式协同的营销生态体系。

（8）培养和引进服务贸易人才。构建由政府机构、科研院所和高校以及企业共同参与的人才培养合作体系。设立相关学科课程，强化人才培养计划，吸纳核心及高技能人才，培育一支具备高水平的专业人才团队。

（9）建立服务贸易信息服务体系。发挥政府优势，建设服务贸易信息网，发布政策法规、市场动态、统计数据等信息，为服务贸易企业提供信息服务，健全完善服务贸易的统计体系。

（10）塑造知名品牌。筛选并支持有潜力的品牌和企业，创建"陕西服务"等地方品牌，鼓励企业通过并购等多种形式组建大型服务贸易企业。

一、数字经济与服务贸易的融合与创新发展

数字技术通过数据收集、计算和分析运用到传统产业中，从而改变生产对需求反应缓慢的问题，使生产作业的计划更加明确，同时实现了低库存和高生产效率。在数字经济发展的大背景下，大数据产业自身催生出与数据服务相关的新兴业态，同时推动智能终端产品不断创新升级，大数据与服务业的交叉融合和创新，使数字化、智能化、网络化融入医疗、商务、教育、餐饮、旅游、交通、基层治理等重点行业的研发、设计、采购、生产、营销等环节中。

一方面，在推进陕西服务贸易发展的进程中，应着重把握服务贸易的数字化趋势，强化互联网、大数据等尖端信息技术与服务贸易的深度融合，致力于构建并优化新兴服务贸易的基础设施框架与生态系统。同时，应激励创新发展，大力促进以云计算、大数据分析、人工智能技术为基础的平台经济及服务贸易新兴领域的崛起。此外，积极孵化跨境电商、外贸综合服务与市场采购贸易等新型业态与模式，以拓宽价值链条的增值空间，推动服务贸易的持续繁荣。推动创意设计、远程诊断、生态旅游、远程教育、智慧社区等新业态发展，陕西要利用数字经济打造数字政府服务平台，优化政府管理和公共服务能力，使居民和企业实行业务指尖办理，加快形成互联网服务产业的新发展格局。

另一方面，需紧握新一代技术革新与产业变革的契机，加速信息技术、数字经济与服务贸易的深度整合与创新进程，以提升服务贸易的核心竞争力。具体举措包括扩大5G、AI、大数据、云计算等五大新兴产业的规模，优化软件信息服务、研发设计、检验检测认证等六大生产性服务业，促进贸易与产业的融合发展。

二、充分发挥制造业服务化带动服务贸易

（一）制造与服务深度融合

龙头制造业企业新增技术服务、数字服务、设计服务等高附加值业务，开展制造业数字化、智能化探索，加速向"制造+服务""产品+服务"转型。比如，陕鼓集团推出全生命周期智能设计制造及云服务系统平台，向用户提供"保姆式"工业服务支持；法士特集团则突出供应链服务新模式，以"技术+""商务+""研发+""设计+"方式，构建供应链综合服务平台，为上下游企业提供基于供应链的技术、商务、研发、设计等服务；西电集团在做好海外输配电产品产业集群的基础上，重点在技术、产业和市场等领域强化全球服务与供应链布局，为用户提供系统工程总包、单元工程总包等工程承包服务，带动技术、设备等快速出海。目前，国内制造业服务边界持续拓展，为服务贸易发展提出新的需求：整合研发设计、系统集成、检测认证、专业外包、市场开拓、生产性金融、知识产权等服务资源。

（二）制造业服务化路径日渐成熟

陕西在制造业领域寻求将服务贸易融入整个产业链的创新策略，以此促进了一系列服务型模式的发展和创新。同时，匹配的科技、金融、贸易等政策、平台也带动了要素资源向制造业领域倾斜，助推陕西将产业链向上延伸到研发设计，向下延展到品牌服务等领域，不断提高全要素生产率和产品附加值，成为全国知名的服务型制造业高地。产业与数字融合加速，制造服务化、服务数字化、外包化进程加快，新业态、新模式不断涌现，为服务贸易加快发展提供强大动力。数字产业化催生新业态新模式，丰富了跨境服务贸易内涵与外延。产业数字化提高了服务贸易的质量和效率，促进服务贸易与货物融合发展，提升了货物贸易的"嵌入式"服务。

三、服务贸易发展下的管理体系构建与监管模式创新

（一）加快构建适应服务贸易发展需求的管理体系与监管模式

加强顶层设计统筹协调，完善管理体制，增强政策合力。服务贸易发展涉及部门、环节较多，推动服务贸易发展，需统筹构建制度与政策体系，通过创新集成、信息共享和政策协同，进一步加强跨部门之间的沟通与合作，共同推进管理体系的优化和效能提升。

（二）创新监管模式，形成高效便捷的服务贸易监管模式

从"全产业链视角"出发，加强贸易监管理念和模式的转变与创新，探索建立适应服务贸易产品和交易特点的监管体系及监管模式，增强对服务贸易便利化需求的针对性和适应性。

（三）充分发挥中介机构和行业组织的作用

加强行业协调和国际交流合作，建立与各级政府、研究机构相互补充的互动机制，成为促进管理服务改善、推动服务贸易发展的重要环节。

（四）加快完善服务贸易统计体系

健全服务贸易统计调查制度和指标体系，优化大数据在生产性服务业统计的运用，完善相关部门信息统计机制，探索构建信息共享、协同执法的服务贸易统计监管体系。此外，逐步建立起定期发布信息的常态化机制，以实现数据高效利用与监管。服务贸易发展涉及领域多、行业广、业态新，需依据现实需求，实施针对性政策措施，强化对服务贸易创新发展的支持力度与服务功能。

（五）加快金融创新，创新贷款担保方式

拓宽轻资产的服务贸易企业贷款抵押及质押物范围，大力推进各类质押贷款，特别是针对服务贸易企业分散化、创新企业小型化的特点，为中小服务贸易企业提供知识产权质押融资援助支持，优化出口信用保险政策，拓宽小额贷款保证保险及信用保险覆盖范围，创新开发适合服务企业特点的新型险种，增强保险对服务贸易企业的增信作用。同时，加强对相关政策的宣传和解读，提高政策的执行效率。

四、改善服务贸易全产业链发展营商环境和生态系统

（一）持续改善营商环境，打造促进服务贸易全产业链发展的生态系统

建立创新发展服务平台，注重改善宜居宜业、知识产权保护等营商环境。加强综合服务促进，提升企业海外经营能力。加强服务贸易发展战略和政策研究，建立服务贸易专家库。

（二）促进贸易投资自由化、便利化

陕西在服务贸易一站式服务和贸易便利化方面也有了大胆创新与显著成效，如建设贸易金融综合服务平台，持续完善金融支撑贸易转型发展路径。为强化金融对贸易的支撑作用，需推动金融服务创新，构建一个综合性的贸易金融服务平台，该平台能提供全方位、多情境下的金融服务，以满足各类贸易企业的需求，进而助力服务贸易的高质量发展。陕西在此方面积极作为，已成功复制并推广了超过20项创新制度，如"先进区后报关""批次进出、集中申报""智能化卡口验放"等，并推广了"先出区、后报关""跨关区流转""境内外保税维修"三项创新举措。这些措施有效提升了企业的通关效率，降低了运营成本，充分利用特殊区域政策优势，拓展了园区功能，加速了陕西外向型经济的增长。

（三）服务贸易发展环境持续优化，法治化、市场化、国际化的营商环境不断完善

为促进贸易投资的自由化及便利化进程，需要深化服务贸易管理体制的改革，建立以竞争政策为核心的规则框架，保障资本、技术、人才、信息及数据等关键要素实现跨境自由流通，为吸引全球高端服务资源奠定坚实基础。同时，应持续优化服务体系建设，构建亲清政商环境，确保市场环境公平竞争、政策透明、政务清廉、运行高效的发展环境。随着自贸区在创新海关监管模式、推广口岸全程无纸化、离岸科创服务中心等一系列通关便利化服务的创新，服务贸易改革开放在贸易便利化方面将实现更大进步。

第五章　陕西服务贸易发展
竞争力和开放度评价

第一节　服务贸易竞争力指标的构建及测算

一、服务贸易依存度（STO）

服务贸易依存度（STO）指某地区的服务贸易进出口总额与该地区 GDP 之比，用来衡量服务贸易对该地区经济发展水平的实际影响。就国际通用标准而言，STO 可以用于分析服务贸易对陕西的依赖程度，公式表示如下：

$$STO = A/GDP \tag{5-1}$$

式中，STO 表示服务贸易依存度，A 表示服务贸易进出口总额，GDP 表示国内生产总值，所选区域为陕西。陕西 2012~2022 年服务贸易依存度的变动如图 5-1 所示。

就 STO 而言，其主要用于体现陕西服务贸易与经济总量间的关系。由图 5-1 可知，2012~2015 年 STO 呈增长趋势，即服务贸易在经济中所占的比重逐渐增加，2015~2021 年，服务贸易依存度呈现下降趋势，从 2015 年的 3.31%下降至 2021 年的 1.39%，说明陕西服务贸易行业在经历了一段快速增长后，遇到了一些挑战，服务贸易行业面临更大的压力；2022 年，STO 值小幅增长至 1.50%。

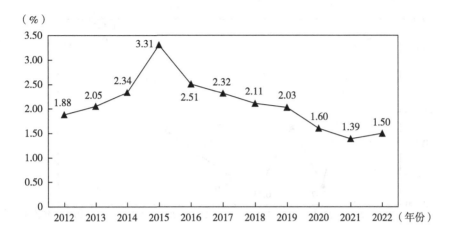

图 5-1　2012~2022 年陕西服务贸易依存度

基于此，整体来看，陕西服务贸易整体规模较小，其对经济总量的影响仍然较小。

二、贸易竞争优势指数（TC）

贸易竞争优势指数（TC）用以衡量特定区域进出口贸易差额占其总贸易额的比例，反映该地区贸易竞争优势。该指数的表达公式如下：

$$TC = (SE-SI)/(SE+SI) \tag{5-2}$$

式中，TC 表示给定区域内的贸易竞争优势指数，SE 即为给定区域内的服务贸易出口额，SI 为给定区域的服务贸易进口额。贸易竞争优势指数（TC）能够反映一国产业的国际竞争优势状况。当贸易竞争优势指数（TC）值大于零时，意味着相关商品或服务在国际市场上具有较强竞争力，且越趋近于 1，竞争力越强，达到 1 则意味着该产业纯出口；反之，小于零则表明缺乏国际竞争力，越接近-1，竞争力越弱，达到-1 则为纯进口；当 TC 指数为零时，表明其竞争力与国际水平相当。陕西 2012~2022 年 TC 指数的变动如图 5-2 所示。

可以看出 2012 年、2013 年、2021 年和 2022 年这四年，TC 指数为正值，表明陕西在服务贸易领域相对于其他地区具有一定程度的竞争优势。但在 2014~2020 年，陕西的 TC 指数均表现为负，显著地反映了该地区服务贸易领域存在贸

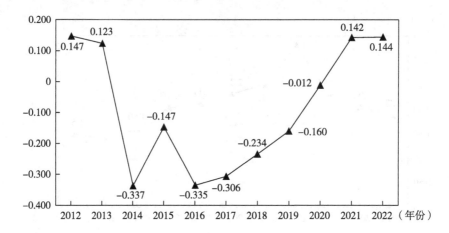

图 5-2　2012~2022 年陕西省 TC 指数

易逆差的问题。此外，TC 指数未达到零，并且其较小的绝对值进一步揭示了陕西在服务贸易领域的竞争力相对较弱，且存在发展不稳定的现象。

三、总显示性比较优势指数（RCA）

总显示性比较优势指数（RCA）用于衡量给定主体的相关产业出口份额与出口总值额比值同全球范围内该产业出口份额的比例。RCA 指数表达公式如下：

$$RCA_{ij} = (X_{ij}/X_{tj})/(X_{iw}/X_{tw}) \tag{5-3}$$

式中，RCA 为总显示性比较优势指数，X_{ij} 表示陕西的服务贸易出口额，X_{tj} 表示给定时间内陕西对外贸易出口总额；此外，X_{iw} 表示全球范围内的服贸出口总额，X_{tw} 表示给定时间内全球整体的外贸出口总额。依据国际标准评估，RCA 值低于 0.8 表明该类产品或服务国际竞争力薄弱；介于 0.8~1.25，显示中等竞争力；而当 RCA 值超出 2.5 时，意味着其具备较强的国际竞争力。经计算，陕西 2012~2022 年 RCA 指数的变动如表 5-1 所示。

表 5-1　陕西服务贸易相关项目数据及 RCA 指数

年份	陕西服务贸易出口额（亿美元）	陕西对外贸易出口总额（亿美元）	世界服务贸易出口额（亿美元）	世界对外贸易出口额（亿美元）	RCA 指数
2012	24.18	86.52	48732	186113	1.0673
2013	29.64	102.26	49824	186392	1.0843

续表

年份	陕西服务贸易 出口额（亿美元）	陕西对外贸易 出口总额（亿美元）	世界服务贸易 出口额（亿美元）	世界对外贸易 出口额（亿美元）	RCA 指数
2014	21.9	139.33	50012	187352	0.5888
2015	40.5	147.43	50892.3	189652	1.0237
2016	23.91	157.39	51892.1	191167	0.5596
2017	25.57	245.89	52291	193289	0.3844
2018	29.2	313.95	53511.9	194750	0.3385
2019	31.85	271.89	59652.2	223805.91	0.4395
2020	29.85	280.05	60300	259065	0.4579
2021	37.03	397.84	60000	222840	0.3457
2022	41.73	447.45	60148	273397	0.4239

可知，在 2012~2015 年，陕西的 RCA 指数有三年达到 1.0，表明陕西服务贸易具有中度的国际竞争力；2016~2022 年，陕西 RCA 指数均不足 0.8，说明陕西服务贸易竞争力的水平较低且显然欠缺比较优势。同时，由于我国服务贸易出口竞争力水平与国际范围内有关主体的竞争力水平相比较而言存在较大劣势，故该类型的横向比较所具备的实际意义较为欠缺。本书将在后文进一步将陕西 RCA 指数与其经济总量相近省份的 RCA 指数加以对比分析，从而客观分析陕西服务贸易竞争力水平。

四、服务贸易出口贡献率

服务贸易出口贡献率，作为评估研究主体区域服务贸易对整体外贸出口影响的重要指标，通过计算服务贸易出口额占对外贸易出口总额的比例来衡量。具体而言，该指标值由服务贸易出口总额与对外贸易出口总额之比得出。2012~2022 年陕西服务贸易出口贡献率的变化情况如图 5-3 所示。

就数据而言，陕西服务贸易出口贡献率在 2012~2016 年相对较高，最高值达到 28.99%；2016 年后服贸出口贡献率基本呈下降态势，在 10% 左右波动变化。2012~2022 年，服务贸易出口贡献率的变化趋势是由于陕西服务贸易出口增长速度低于对外贸易出口增长速度，导致服贸出口贡献率降低；此外，随着陕西产业结构的调整，制造业和货物贸易的发展速度增加了外贸出口的比重，导致服务贸易出口的比重相对下降。

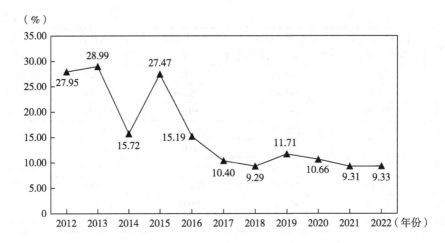

图5-3 2012~2022年陕西服务贸易出口贡献率

对以上四个服务贸易竞争力指标数据展开量化对比分析，可知陕西的服务贸易发展水平较低，其出口竞争力存在明显不足。鉴于陕西服务贸易发展基础相对薄弱，与国内经济发达区域相比，其总体竞争力仍显不足，国际竞争压力大。因此，陕西政府要增强支持力度，从而显著提升服务贸易的竞争力，缩小与先进地区的差距。

第二节 陕西服务贸易竞争力对比分析

为进一步推进服务贸易发展，陕西重视并制定了一系列政策和措施，取得了一定成效。但与其他省市相比，仍存在一定的差距。为了更好地比较各省市的服务贸易竞争力，本节选取2012~2022年的数据，将与陕西经济总量相近的江西、重庆、辽宁三个省份的竞争力指标进行测度和分析。通过比较得出陕西服务贸易出口竞争力与其他省份的差异。

一、服务贸易依存度对比分析

根据图5-4可以看出，陕西的服务贸易依存度低于辽宁和重庆，略高于江西，说明服务贸易对陕西整体经济体量的贡献不大。观察数据，可以将其分成两个梯队水平，辽宁与重庆属于第一梯队，而江西和陕西属于第二梯队。辽宁位于中国东北，与多个国家接壤，具有独特的地缘优势，便于开展跨境服务贸易；重庆作为西南地区的交通枢纽，也有利于服务贸易的发展。辽宁地理位置的优势是陕西所不足的，虽然陕西也在积极参与"一带一路"建设，但在地理位置和区域合作方面存在一定的局限性；重庆在知识密集型和高附加值服务领域的比重优势是陕西所欠缺的，陕西需进一步优化服务贸易结构。

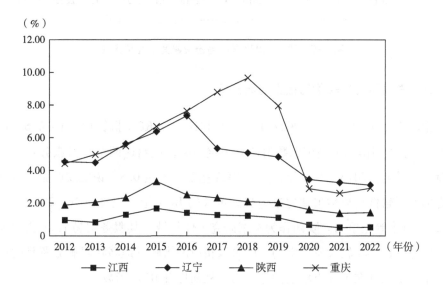

图5-4　2012~2022年各省份服务贸易依存度

二、贸易竞争优势指数对比分析

由图5-5可以看出，2012~2022年，江西和重庆的TC指数均只有一年为正值，其余年份均为负值，辽宁均为负值，说明大部分都处于逆差状态，出口缺乏竞争优势。而陕西的TC指数在调查范围年限的首尾四年均为正值，这四年陕西一直保持顺差状态，服贸出口竞争优势相对较好。因此，陕西在扩大服务贸易规模的同时，应注重将服务贸易产品推出去，增加服务贸易出口额以弥补逆差，稳定其内在竞争力。

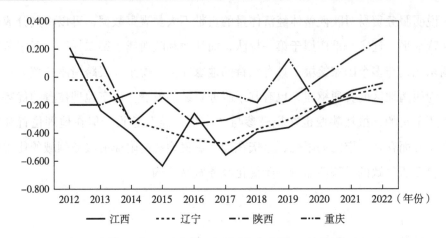

图 5-5　2012~2022 年各省份贸易竞争优势指数

三、总显示性比较优势指数对比分析

由图 5-6 可知，2012~2022 年，江西和辽宁的 RCA 指数均在 0~0.6，均不足 0.8，显然与国际上规定的数值还有一定差距，说明这两个省份服务贸易的国际竞争力较弱。2016~2022 年，陕西 RCA 指数均不足 0.8，说明陕西服务贸易竞争力的水平较低且显然欠缺比较优势。重庆的 RCA 指数仅在 2016~2019 年大于0.8，具有中等竞争力。陕西作为本书研究主体领域，其服务贸易 RCA 指数欠缺比较优势，还存在较大发展空间，应采取相应的措施以提高陕西服务贸易的质量和效率，增强其在国际市场上的竞争力，从而提升 RCA 指数。

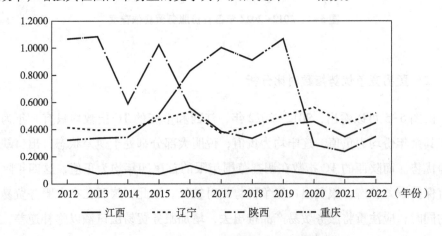

图 5-6　2012~2022 年各省份 RCA 指数值

四、服务贸易出口贡献率对比分析

由图5-7可以看出，4个省市的服务贸易出口贡献率差异较大。其中，重庆的服务贸易占外贸的比重相对较大，而江西的服贸出口贡献率不足5%，辽宁的服务出口贡献率不足15%，而陕西和重庆的服务贸易出口贡献率波动起伏差异较大，反映出两个省市服务贸易行业发展的不稳定性。

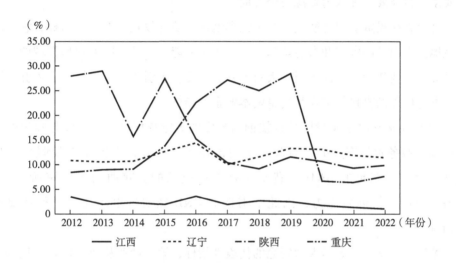

图5-7 2012~2022年各省份服务贸易出口贡献率

第三节 基于"钻石"模型的陕西服务贸易竞争力影响因素识别

迈克尔·波特的钻石模型明确表达了企业国际竞争优势的大小与国家内部的经济状况息息相关。影响陕西服务贸易竞争力的核心要素涵盖生产要素状况、需求条件、相关及支持产业、公司战略、结构和对手。此外，政府政策与外部环境机遇作为支持因素亦不可忽视。上述六大要素协同作用，形成了一个稳固而全面的"钻石模型"框架,为深入分析陕西服务贸易竞争力提供了理论基础。在波特钻石模型的框架下,本书将深入探讨影响陕西服务贸易竞争力的各个因素。

一、生产要素条件

生产要素条件是推动我国经济发展、促进对外贸易的重要支撑,主要包括资本要素、科技要素和人力资源三个方面。

外商直接投资被视为衡量一个国家和地区经济开放程度的关键指标,它反映了该地区吸引外国资本和参与全球经济一体化的能力,其在服务贸易领域的发展中发挥着重要作用。陕西不断加大对外开放力度,吸引了众多外资企业入驻,因此本书选取外商直接投资作为衡量资本要素的指标。

R&D 经费支出是衡量区域科技创新能力的关键指标之一。科技与知识的不断进步对服务贸易产业的发展起到了关键作用,因此,在推动现代服务贸易发展过程中,充足的 R&D 经费支出是不可或缺的。陕西的科研院所众多,具备良好的科技创新能力,因此本书选取 R&D 经费支出作为衡量科技要素的指标。

第三产业从业人数是人力资源的代表性指标,第三产业从业人数直接反映了服务行业的劳动力规模和人才池的大小。陕西的高校数量居全国前列,具备后备充足且源源不断的高素质人才,这些学生未来可能成为服务行业的专业人才,能提高服务领域的供给能力,推动行业创新和发展。因此,第三产业从业人数是陕西人力资源的代表性指标。

为了推动现代服务贸易的发展,本书选取外商直接投资、R&D 经费支出和第三产业从业人数作为衡量生产要素条件的关键指标。

二、需求条件

迈克尔·波特指出,国内市场需求是服务贸易竞争力的核心驱动力,而国内消费者对服务产品的需求促进了服务业及服务贸易的发展。人均 GDP 是衡量一个地区居民生活水平和经济发展水平的重要指标,较高的人均 GDP 意味着居民收入和城镇化水平更高,从而促使消费需求的提升。消费需求的增长将进一步推动相关地区的基础设施、技术内容和服务水平的提升，从而增强服务贸易的竞争力。人均 GDP 的增长反映了居民收入的提高和消费需求的扩大。随着人均 GDP 的增加，消费需求的增长将推动服务贸易规模的扩大，并形成规模优势和集群效应，进一步提升服务贸易竞争力。因此，在研究服务贸易需求条件时，主要采用人均 GDP 指标进行综合分析。

三、相关和支持产业

相关和支持产业涉及服务业企业及其上游企业的国际竞争力状况。陕西服务贸易的发展得益于其丰富的科教资源和产业基础，以及政府的政策支持和市场导向。西安高新区聚集了大量软件和信息服务行业企业，是知识密集型服务贸易的集聚发展重点地区。伴随陕西自贸试验区的落地，陕西服务贸易的向好发展又获得了一大新驱动。同时，经济文化政治的快速发展以及对外开放水平的提升，陕西的服务贸易国际竞争力在大力发展外向型经济的未来必将获得质的飞跃。本书采用货物贸易出口总额、第三产业占 GDP 比重来作为衡量相关及支持产业的指标。

四、企业因素

无论是国家还是地区层面，在制定经济政策和确定发展方向以推动经济增长时，企业作为政策执行者和市场经济的主体，其作用不容忽视。企业自身的硬实力和软实力在很大程度上影响着地区产业竞争力的形成和发展。然而，企业战略在衡量企业的发展水平和预测其未来发展潜力时起着至关重要的作用。具体来说，企业战略主要包括以下几个方面：①企业的宏观经营战略；②企业组织架构的合理性；③企业现有人才的水平；④企业的人才培养体系；⑤企业的品牌战略，等等。由于陕西自身服务贸易发展存在起步晚、规模小、水平较低的相关特点，许多企业面临着经营理念不够成熟、管理模式相对落后的挑战，这使企业在发展过程中遭遇瓶颈，难以突破。又由于在面对国际同行业先进及大规模的竞争时，陕西一些企业的发展现状仍然充满挑战。为改善这一状况，需要从根本上提升企业的内部管理和创新能力，加强人才培养和品牌建设，以适应全球化市场的竞争压力。同时，政策制定者应考虑为企业提供更多的支持和资源，帮助其克服发展中的困难，实现可持续发展。该因素难以具体量化，故不予进行实证分析。

五、政府和机遇

就政府政策层面而言，陕西自贸区的规划与落地对增强服务贸易领域的国际竞争力具有显著的正向影响。由于自贸区具备开放度高、政策支持优惠大等特征，其落地陕西将使陕西服务贸易国际竞争力得到极大提升。此外，在中国（陕西）自由贸易试验区落地的背景下，陕西省人民政府将共同发力，推动财政侧重支持服务贸易高质量发展，例如，陕西省政府明确表示将大力支持西安和西咸新区深化服务贸易创新发展试点。政府和机遇是服务贸易竞争力的支持因素。具体到政府层面，服务贸易开放度是一个重要的衡量指标，它通过计算服务贸易的进出口总额与国内生产总值的比率来量化。机遇可遇而不可求，随着数字经济驱动的创新全球化深入发展，新一轮科技革命和产业变革带动数字技术强势崛起，而且我国在多个地区开展的服务贸易创新发展试点等，为服务贸易的增长提供了显著的支持和促进作用。然而鉴于其难以用量化指标进行精确测量，因此不纳入实证分析的范畴。

第四节　陕西服务贸易竞争力影响因素的实证研究

一、指标选择

基于前文的综合性分析，可以发现影响陕西服务贸易发展水平的因素较多。基于对国家竞争优势理论的理解，所选择的指标应着重考虑指标本身的三个特征：即可获得性、代表性与科学性。基于此，本书聚焦于 2012~2022 年陕西服务贸易竞争力的评估。服务贸易涉及部门的复杂性和贸易的无形性导致数据统计困难，本书依据迈克尔·波特的"钻石模型"，选择七个指标，深入剖析影响陕西服务贸易竞争力的关键因素。

本书选取的变量为 2012~2022 年的年度数据。在进行实证研究时，采用服务贸易出口额 Y 作为被解释变量,以量化服务贸易竞争力水平,该出口额是衡量各竞争力指标高低的核心指标,直接反映了一个地区服务贸易的经济贡献度,且较高的服务贸易出口额通常意味着较强的国际市场竞争力。解释变量为外商直接投资 X_1、第三产业从业人数 X_2、R&D 经费支出 X_3、人均 GDP X_5、货物贸易出口额 X_5、第三产业占 GDP 比重 X_6、服务贸易开放度 X_7。

研究所需的数据主要来源于各年《陕西统计年鉴》、中国(陕西)国际贸易单一窗口、国家统计局、《中国商务统计年鉴》等。

表 5-2　陕西服务贸易出口影响因素数据选取

指标维度	自变量选取	预期影响	初始代表式
生产要素条件	外商直接投资(亿美元)	正	X_1
	第三产业从业人数(万人)	正	X_2
	R&D 经费支出(亿元)	正	X_3
需求条件	人均 GDP(元)	正	X_4
相关产业及支持产业	货物贸易出口额(千美元)	正	X_5
	第三产业占 GDP 比重(%)	正	X_6
政府和机遇	服务贸易开放度(%)	正	X_7

二、主成分分析的适用性检验

首先对 7 个自变量进行主成分分析,以降维并提取主因子,这有助于减少自变量之间的多重共线性问题,并简化模型。

在统计学领域,数据适宜进行主成分分析(PCA)的标准为 KMO 检验值超 0.6 且巴特利特球形检验的显著性低于 0.01。本书采用 SPSS26.0 软件,先对 7 个原始变量实施标准化处理,以消除量纲差异,保证数据间的可比性,为后续分析奠定基础。主成分分析的结果显示,KMO 值为 0.723,巴特利特球形检验的显著性水平达到 0.000(见表 5-3),表明原始变量间存在显著的相关性,满足进行主成分分析的前提条件。因此,可以确认本书的数据适合采用主成分分析方法。

表 5-3　KMO 和巴特利特球形检验

KMO 取样适切性量数		0.723
巴特利特球形检验	近似卡方	107.602
	自由度	21
	显著性	0.000

三、提取公因子方差

公因子方差指在提取公因子后，原始变量中能够被共同因子所解释的方差比例，其值越趋近于 1，则意味着原始变量的信息量越被更多地保留和解释。如第三产业从业人数的共同度是 0.977，说明提取的主因子可以解释第三产业从业人数 97.7%的原始信息，通常公因子方差不低于 0.3 即为可接受。根据表 5-4 的数据，所有变量的公因子方差均超过 0.6，显示出很高的共同度，这一结果进一步证实了本书数据非常适合进行主成分分析，以确保信息的有效提取与分析。

表 5-4　公因子方差

	初始	提取
Zscore：外商直接投资/亿美元	1	0.781
Zscore：第三产业从业人数/万人	1	0.977
Zscore：R&D 经费支出/万元	1	0.975
Zscore：人均 GDP/元	1	0.969
Zscore：货物贸易出口额/千美元	1	0.931
Zscore：第三产业占 GDP 比重/%	1	0.917
Zscore：服务贸易开放度/%	1	0.671

注：提取方法为主成分分析法。

四、主成分的提取

主成分分析对原始变量总方差的解释情况如表 5-5 所示。第一个主成分的特征值为 5.139，解释了总方差的 73.410%，其累计方差贡献率亦为 73.410%；第二个主成分特征值为 1.083，有效补充了 15.469%的方差信息，使累计方差贡献率攀升至 88.879%。本书依据特征根值与累计方差贡献率两个指标，选定了这两个主成分，两个主成分的方差贡献率高达 88.879%，这一结果充分表明，所提取的主成分已经充分捕捉并涵盖了原始变量的核心信息。

表 5-5 主成分分析的总方差解释

成分	总方差解释					
	初始特征值			提取载荷平方和		
	总计	方差百分比（%）	累计百分比（%）	总计	方差百分比（%）	累计百分比（%）
1	5.139	73.410	73.410	5.139	73.410	73.410
2	1.083	15.469	88.879	1.083	15.469	88.879
3	0.611	8.728	97.606			
4	0.115	1.637	99.243			
5	0.047	0.665	99.908			
6	0.005	0.068	99.976			
7	0.002	0.024	100.00			

注：提取方法为主成分分析法。

五、主成分表达式的求解

初始因子载荷矩阵的分析结果如表 5-6 所示。具体而言，除外商直接投资这一指标在第二主成分上显示出相对较高的载荷外，其余各项指标均在第一主成分上载荷较高，表明第一主成分基本涵盖了这些指标的主要信息。因此，通过提取这两个主成分，能够较为全面且有效地反映所有指标的核心信息内容。

表 5-6 初始因子载荷矩阵

	成分	
	1	2
第三产业从业人数	0.985	0.081
R&D 经费支出	0.973	−0.167
人均 GDP	0.966	−0.19

续表

	成分	
	1	2
货物贸易出口额	0.942	−0.209
第三产业占 GDP 比重	0.819	0.497
服务贸易开放度	−0.629	0.524
外商直接投资	0.578	0.709

注：提取方法为主成分分析法，a 提取了 2 个成分。

通过对表 5-6 的数据进行处理，可以得出主成分 F1 与 F2 的数学表达式，具体如下所示：

$$F_1 = 0.112ZX_1 + 0.192ZX_2 + 0.189ZX_3 + 0.188ZX_4 + 0.183ZX_5 + 0.159ZX_6 - 0.122ZX_7$$

$$F_2 = 0.618ZX_1 + 0.075ZX_2 - 0.154ZX_3 - 0.175ZX_4 - 0.193ZX_5 + 0.459ZX_6 + 0.484ZX_7$$

式中，ZX_i 分别是 X_i 的标准化数值。

六、主成分回归分析

使用提取的主因子 F_1 和 F_2 作为自变量，服务贸易出口额作为因变量，进行多元线性回归分析，能揭示主因子与服务贸易竞争力之间的关系。模型回归系数常数项为 30.638，F_1 系数值为 3.683，F_2 系数值为 −1.698，主成分 F_1 和 F_2 对因变量 Y 有作用，其线性回归方程为：

$$Y = 30.638 + 3.683F_1 - 1.698F_2$$

将主因子的系数转换回原始变量的系数值，通过主成分载荷即成分得分系数矩阵（原始变量与主成分之间的关系）与主因子系数的乘积来实现。还原后的方程为：

$$Y = 30.638 - 0.635X_1 + 0.581X_2 + 0.959X_3 + 0.991X_4 + 1.003X_5 - 0.193X_6 - 1.270X_7$$

七、实证结果分析

影响陕西的服务贸易竞争力的各个因素依据作用程度由高到低排列为：服务贸易开放度>货物贸易出口额>人均 GDP>R&D 经费支出>外商直接投资>第三产业从业人数>第三产业占 GDP 比重。综上对影响陕西服务贸易竞争力的影响因素进行进一步分析。

（一）生产要素条件方面

两个生产要素的指标均与服务贸易竞争力呈正向关系，影响最大的因素为R&D经费支出，当R&D经费支出每增长1%时，服务贸易竞争力可提升0.959%。因此，增加陕西的R&D经费支出，能显著提升服务贸易的竞争力。科研经费与创新投入的增长，促进了高科技知识密集型服务业的发展，进而增强了陕西服务贸易的竞争实力。相比之下，第三产业从业人数对服务贸易竞争力的提升影响相对较小，表明需进一步优化人力资源配置。相反，外商直接投资与服务贸易竞争力成反比，外商直接投资可能会改变市场结构，增加竞争，抑或外商直接投资带来的先进技术和管理实践未被陕西有效吸收，导致陕西服务贸易出口能力下降以致服务贸易竞争力降低，陕西外商投资结构及力度有待进一步完善和调整。

（二）需求因素方面

需求因素对陕西服务贸易竞争力具有显著的正向影响。当人均GDP增长1%时，服务贸易竞争力也提升0.991%。众所周知，GDP这一指标能相对客观地反映某一区域内的经济发展水平，故而当GDP得以提升时，消费者对第三产业的消费需求将随之得以激励；故而，在需求的推动下，服务贸易竞争力水平将得以拔高。

（三）在企业因素和政府方面

货物贸易出口额的增长显著促进了服务出口，表明货物贸易的扩张能够有效推动服务贸易的发展。然而，实证研究结果显示，第三产业占GDP的比重与服务贸易开放度的系数为负，与理论预期相悖。通常，第三产业比重增加应伴随服务贸易的加速发展。该现象或可归因于陕西服务贸易长期处于逆差背景下，第三产业的增长更多地依赖于对外开放。当前，服务业与服务贸易均面临数量增长超越质量提升的挑战，需进一步优化结构以促进服务贸易的可持续发展。此外，陕西服务贸易进出口额的增长速度小于GDP的增长速度，导致服务贸易开放度呈递减趋势，而且选择服务贸易的出口额作为竞争力的指标，因此两个指标与服务贸易竞争力均成反比。

第六章 陕西推进服务贸易创新发展的重点领域

为摸清陕西服务贸易创新发展的基础和条件，我们制定了一份针对陕西服务贸易企业的问卷，其中整体分为六部分内容，主要包括企业基本情况、财务金融以及市场结构问题等。我们向陕西省商务厅发放了共计800份问卷，并在回收问卷后进行了统计数据分析，通过问卷数据我们对陕西的创新发展现状进行了SWOT分析。要实现服务贸易创新发展，必须追根溯源，找出主要影响因素，分析发展的优势及劣势，才能有针对性地制定发展战略和对策措施。因此本章将通过陕西服务贸易创新发展的SWOT分析，从不同角度反映陕西服务贸易的内外部环境，从而确定陕西服务贸易创新发展的战略方向。

第一节 陕西服务贸易创新发展的基础和条件

一、发展优势

作为西部地区的重要省份，陕西在服务贸易领域具有独特的优势和巨大的潜力。近年来，陕西充分利用其丰富的历史文化遗产、教育资源以及便捷的地理位置和交通条件，采取多种措施，促进了服务贸易的迅速增长。

（一）优势一：陕西服务贸易发展基础扎实

2023 年，陕西在服务贸易领域实现了 82.5 亿美元的进出账，这一数字占全省总进出账的 12.5%，在全国范围内排名第 13，比上年增长了 13.0%，超出了全国平均增长速度 8.1 个百分点。这一增长率的提高，凸显了陕西服务贸易规模和影响力的增长。同时，陕西在服务贸易产业结构的优化上也取得了明显的成效，高附加值业务比重逐年上升，陕西外包服务业务现已扩展至信息技术的研发、运维、维护以及新兴信息技术的应用开发等方面，同时包括企业管理、日常运营、维修保养、商业活动、创意设计和研究开发等外包服务领域。这标志着在信息技术外包（ITO）、知识流程外包（KPO）和业务流程外包（BPO）等关键领域均已实现了全面覆盖。

（1）陕西航天航空业发展卓越。目前，国内共有 9.5 万家航天相关企业，按照地区分布来看，陕西以 2.9 万家高居第一。西安拥有超过国内 1/3 的航天科研机构，并且是国内少数几个具备完整航天产业链的城市，覆盖了从箭体设计、火箭发射到卫星应用、推进系统、遥感应用等关键环节，囊括了箭体设计、火箭发射、卫星应用、推进系统、遥感应用等方面。并且随着新时代的发展需求，西安开始多方面探索航天产业高质量发展的路径。除将数字经济、物联网、5G、大数据等现代科技元素融入航空航天产业中外，还进一步推动了军民融合和商业航天的发展，让更多的主体参与到航空航天的经济发展中。

（2）陕西装备制造业态升级。智能制造在陕西已成为推动装备制造业转型升级的核心策略。通过实施智能制造试点示范项目和专项计划，陕西加速了 14 个关键领域的智能化改造，包括汽车、电力设备、机械工具、石油、冶金、煤炭重型设备、轨道交通设备、机器人、3D 打印等主要产业。这些领域已经推出了许多标志性的智能制造新应用模式。在此基础上，陕西持续推进重点领域服务贸易向价值链高端延伸，信息技术外包和制造业深度融合，推进特色服务出口的数字化提升。

（3）陕西国际工程水平全国领先。总部位于陕西西安的中铁第一勘察设计院集团（以下简称铁一院），是新中国第一批大型综合性铁路勘察设计单位。建院以来，铁一院奉献了中国第一条电气化铁路、第一条沙漠铁路、世界第一条高原冻土铁路等数以百计的国内第一和世界之最，成为我国现代交通领域的领军者之一。铁一院牢牢抓住国家"一带一路"和"互联互通"的历史性机遇，坚定地向着高端工程咨询领域不断前行，在全球40多个国家承揽了超过2000千米的铁路、公路、地铁的咨询和设计项目，成为国际工程咨询领域的知名企业。

（4）陕西中欧班列长安号"加速"。自2013年11月底开行以来，截至2022年6月底，中欧班列长安号已累计开行13206列，在过去8年多的时间里，长安号不断加快速度、扩展线路，逐渐发展成为一个效率高、成本低、服务优质的内陆国际贸易通道。目前，长安号的国际货运线路已增加到16条，其开行数量、重箱率、货运量等关键指标在全国持续领先，它以最快的运行效率、最高的智能化水平、最广的辐射范围、最全面的服务功能和最低的综合成本，被誉为稳定全球供应链的"黄金通道"。

（二）优势二：陕西竞逐数字赛道带来创新活力

当前，世界正进入数字经济快速发展期，数字产业化、产业数字化趋势日益明显。数字技术与服务正在引领各行业的创新，催生了众多新的贸易形式和模式。数字贸易通过促进数据流通，加强了不同行业间的知识和技术交流，推动了制造业与服务业的深度融合，并加速了传统产业的数字化转型。

（1）陕西数字商务服务全球。陕西的数字商务服务已经拓展至全球范围。中译语通科技（陕西）有限公司运营着陕西"一带一路"的语言服务和大数据平台。该公司运用大数据、人工智能和语言科技等尖端技术，通过先进的自然语言处理和语义分析技术，对全球的大量数据进行深入的挖掘与分析。他们为金融、科技、政府等全球企业提供专业的行业大数据解决方案。凭借其强大的技术实力和算法优势，易点天下助力全球客户有效地吸引用户、增强品牌影响力并实现盈利。

（2）陕西省内数字文旅新潮涌现。陕西坐拥两大国家级文化出口基地，致力于推动包括数字出版、动漫游戏、创意设计以及互联网服务等在内的高端文化产业迈向新高度。近年来，陕西持续探索创新路径，加速文化旅游与先进数字技术的深度融合，打造出多元化的数字文化旅游产品线。其中，陕西云创科技作为引领者，已构建起一套覆盖全省的智慧旅游综合服务网络，成功接入了超过170家A级及以上旅游景区的核心数据资源。同时，推出的"游陕西"App，惠及近千万用户，为游客提供了便捷高效的旅游体验。

（3）陕西软件信息产业带动服务外包高速增长。2021年，陕西的服务外包合同履行金额达到了22.5亿美元，相比上年上升了36.3%。具体来看，离岸合同的履行金额为6.4亿美元，增长了7.8%；而技术出口合同的金额为2.3亿美元，增长了20.4%。同年，陕西还认定了4个省级服务外包人才培训基地和3个实习实训基地，以支持行业人才的发展和培养。

（三）优势三：陕西省特色资源和"一带一路"助力服务贸易

（1）陕西中医药产业底蕴深厚。陕西是中医药重要发祥地之一，中医药资源丰富、名家大医药辈出，药材产量逼近百万吨大关，中药种植养殖与中药工业的年总产值更是突破了600亿元。当前，陕西省拥有中医医院177家、中医门诊部56家，共设立了1786间中医诊所；22所省内的大专院校开设了中医和中药学科；陕西中医药大学累计培育了超过10万名杰出的中医药专业人士及1000多名海外学生。2019年，西安中医脑病医院被选为全国首批"国家中医药服务出口基地"。截至2021年，该院的"探索中医药服务贸易发展新模式"案例被评为全国服务贸易领域的"最佳实践案例"。西安中医脑病医院致力于发展"针灸带动医疗、医疗带动药品、医疗带动教育、医疗带动销售、医疗带动旅游"的"五带动"中医药服务体系，同时建立了"互联网+中医药"的国际智慧医疗平台、中医药产品开发平台和技术研发服务平台，以促进中医药服务的国际化进程。

（2）陕西深耕跨国农业服务。吉尔吉斯斯坦农业技术研修班在陕西杨凌开班，来自吉尔吉斯斯坦农业部的25名官员线上参加开班仪式。研修班重点介绍近年来中国在节水灌溉、设施农业、水土保持等方面的经验做法并邀请吉尔吉斯斯坦学员分享吉尔吉斯斯坦农业发展的现状，围绕吉尔吉斯斯坦农业灌溉系统建设、设施农业发展等内容开展研讨交流，为吉尔吉斯斯坦现代农业发展提供意见建议。作为全国首个专注于农业领域的自由贸易试验区，陕西自贸试验区的杨凌片区在培养职业农民、推动农业与二、三产业的融合、发展农业保险、保障农产品质量安全、推动农业技术创新、开展跨国农业产业合作以及促进农业国际合作交流等方面进行了深入探索。这些努力已经产生了多批创新案例，这些案例不仅覆盖了广泛的市场主体，而且具有很高的操作性和参考价值，同时展现了较强的系统集成特点。

二、制约因素

（一）制约因素一：服务贸易领域高端人才缺乏

通过调研数据可以看出，当前服务贸易企业所面临的主要技术障碍是核心专业技术人员瓶颈以及缺少核心安全技术支持（见表6-1）。陕西高校数量众多，但在培养服务贸易专业人才方面，却没有得到足够的重视。另外，在中高端服务业人才的引入上，缺少有效的激励机制。部分服务业企业缺少高层次的技术人员，导致其自身的技术水平较低，缺乏核心竞争优势；随着我国服务业的快速发展，一些新的服务业企业的经营水平已经落后，从而限制了它们的进一步发展。

表6-1　技术障碍

技术障碍	比例（%）
数字化转型	13.89
核心的专业技术人员瓶颈	52.78
信息安全问题	8.33
缺少核心技术支持	19.44
其他	22.22

资料来源：根据回收调查问卷数据整理计算。

（二）制约因素二：中介服务能力有待提升

（1）服务业管理部门分散，政策统筹协调不足，难以形成合力。服务贸易创新发展是一项系统工程，涉及领域广、管理部门多。调研发现，涉及跨部门、制度性改革的任务举措落实相对较慢；政策法规和支持政策分散在各部门管理规章中，现行与废止的条款并存，企业和政府部门人员查找、利用费时耗力。

（2）中介服务能力弱，促进服务体系亟须完善。发达国家往往通过建立行业协会、组织联盟等方式，与政府机构形成较为完善的交流合作机制，形成从宏观到微观的全方位促进服务体系。目前，陕西虽成立了陕西服务贸易协会，但由于成立时间短，在促进体系方面机制尚显不足，具体能给陕西服务贸易带来怎么样的变化还有待观察。

（三）制约因素三：财税金融政策仍不完善

（1）服务贸易新的业态不断出现，监管和政策扶持有时很难满足要求。通过实地调研发现，许多对于发展服务贸易有利的政策存在落地难的问题，许多政策的牵头部门在推动政策落地时因受到其他部门牵制而难以推动进程，企业享受政策成本过高以至于不愿意申报，甚至没有完善的平台，导致企业无法了解相关的利好政策，这些将成为陕西服务贸易创新发展的阻碍，因此政府管理部门仍需完善相关政策。

（2）政策设计不尽合理，导致税收优惠等政策效果大打折扣。企业普遍看好的税收优惠，例如"技术先进的服务型企业可按 15% 的优惠税率缴纳所得税"，却因为较高的认定标准，使真正能够享受此政策的企业数量有限。对于研发外包和"互联网+服务"这类具有巨大成长潜力的服务贸易企业，它们主要依赖人力资源，但由于缺乏增值税的进项税额抵扣，在"营改增"政策实施后，这些企业的税务负担反而有所增加。

（3）金融支持政策供给不足，针对性有待提升。对服务贸易发展，特别是对有出口潜力、符合产业导向的中小服务企业发展缺乏针对性融资支持政策。服务贸易企业"轻资产"特征较为明显，融资缺乏抵押品，而知识产权质押融资和应收账款质押贷款都受到市场评估体系和信用体系尚未建立健全等现实问题的限制，如表6-2所示。

表 6-2　制度障碍

制度障碍	比例（%）
融资困难	2.78
投入成本高	50
技术创新难	33.33
企业转型压力	16.67
企业市场开拓能力不足	30.56
高端人才缺乏	55.56
各项手续繁杂、效率偏低	22.22

资料来源：根据回收调查问卷数据整理计算。

三、发展机遇

（一）机遇一：国内外服务贸易快速增长和巨大的市场需求

2022 年，中国加快推动软件和服务外包转型升级，支持信息技术外包企业向数字服务提供商转型，服务外包产业实现稳步增长。2022 年，中国公司签订的服务外包合同总值达到了 3730.3 亿美元，较上年增长了 15.7%；实际完成的服务外包额为 2522.1 亿美元，同比增长 11.4%，均刷新了历史最高纪录。在当前经济时代，知识作为最主要的生产要素，其生产、流通都是由信息产业实现的，因此信息产业将成为未来产业结构的支柱，将成为世界经济的发动机，也将是高科技革命时期的"第一产业"。在新经济时期，科技服务贸易作为一种重要的技术服务贸易，对于提高我国的国际竞争力具有重要意义。因此，信息产业的发展使信息服务贸易成为新经济时代的"命脉"。

（二）机遇二：中国服务贸易创新发展进入快速发展阶段

2022 年，中国政府出台了《"十四五"服务贸易发展规划》，全面深化了服务贸易创新试点的 122 项政策措施，并实施了如《关于推动外贸稳定和质量提升的意见》等政策，以支持服务贸易企业面对风险和挑战，促进了全国服务贸易的稳步增长。2022 年，中国的服务贸易进出口总额达到了 8891.1 亿美元。同比增长 8.3%，连续九年稳居世界第二。服务贸易逆差小幅扩大，增长至 409.9 亿美元，说明我国服务贸易创新发展进程正在稳步推进。服务贸易成为推动外贸增长的重要力量。2022 年，中国服务进出口占货物和服务进出口总额的 12.4%，比上年提高 0.4 个百分点，对进出口总额增长的贡献率为 20.3%。其中，服务出口占货物和服务出口总额的 10.6%，比上年提高 0.1 个百分点，对出口总额增长的贡献率为 11.2%；服务进口占货物和服务进口总额的 14.6%，比上年提高 0.9 个百分点，对进口总额增长的贡献率达 56.5%。

（三）机遇三：服务贸易创新试点政策持续推进

2015 年 5 月，北京发布了《服务业扩大开放综合试点总体方案》；2016 年 2 月，国务院批准在上海、海南、深圳等 10 个城市和 5 个国家级新区实施为期两年的服务贸易创新发展试点。这些试点项目旨在扩大服务业的开放度，通过积极探索和深化行政审批制度改革、创新政府监管体系、建立社会信用体系、完善信息共享和综合执法制度、建立安全审查和风险防控制度等措施，逐步构建一个与服务业特点相适应的监管体系和营商环境，为其他地区提供扩大服务业开放和促进服务贸易发展的参考。2018 年 7 月，国务院批准了商务部提出的《深化服务贸易创新发展试点总体方案》，在原有的 15 个试点基础上增加了北京和雄安新区，并将试点期限延长两年，以进一步推动试点政策的实施。这些措施旨在服务贸易管理体制、开放路径、促进机制、政策体系、监管制度、发展模式等方面先行先试，加速优化营商环境，充分激发市场活力，打造服务贸易创新发展的高地，引领全国服务贸易的高质量发展。

陕西在国家服务贸易创新发展试点方面取得了显著进展，2021 年全国选出的 16 个服务贸易最佳实践案例中，陕西占据了 5 席。陕西加快了特色服务出口基地的建设，目前已在文化、中医药、地理信息和人力资源四个领域建立了 5 个国家级特色服务出口基地，为扩大服务出口奠定了坚实的基础。

四、发展挑战

（一）挑战一：国际服务贸易市场竞争激烈

目前，全球经济正处在一个缓慢的成长时期，经济发展缓慢，各个经济体之间的竞争越来越激烈，对生产性服务业的需求越来越弱，这使服务贸易的发展有了转机。随着各国公司对承接业务的热情越来越高，市场竞争越来越激烈。外需增长的不确定性较大。

全球经济复苏放缓，服务贸易面临外需收缩、供给冲击压力加剧、地缘政治冲突持续等不利因素影响。国际货币基金组织（IMF）2022 年 7 月发布预测，2022 年和 2023 年全球国内生产总值（GDP）增速预测值分别为 3.2% 和 2.9%，比同年 4 月预测数据分别下调 0.4 个和 0.7 个百分点。全球主要经济体货币政策加快收缩，经济滞胀风险加剧，新兴经济体的通胀压力明显加大。大宗商品价格高位波动，全球运输供应链结构性紧张，对加工服务、维护维修服务等与制造业相关的服务贸易产生影响。全球消费持续疲软，消费性服务外需增长基础不稳，全球服务贸易复苏步伐仍将缓慢。

（二）挑战二：国内省市之间竞争压力逐渐增大

通过调研数据可以看出，有 60% 的企业表示公司在服务贸易发展中所面临的主要外部制度障碍来源于市场竞争压力，有40%的服务贸易企业在全国存在100家以上的同业务竞争对手企业，由此充分说明当前陕西服务贸易创新发展面临着不容小觑的竞争压力。

表6-3　外部制度障碍

外部制度障碍	比例（%）
供应链压力	13.89
市场竞争压力	58.33
政府政策支持不够	38.89
政府政策落实不到位	16.67
国际贸易领域争端的有效解决	27.78

资料来源：根据回收调查问卷数据整理计算。

表6-4　相同业务竞争企业数量

企业数量（家）	比例（%）
50以内	38.89
50~100	22.22
100以上	38.89

资料来源：根据回收调查问卷数据整理计算。

与此同时，陕西作为一个内陆省份，开放度、贸易便利化、资源集聚度和服务贸易规模等方面与东部沿海省份和直辖市有一定差距。全国诸多省市都同时展开了服务贸易创新试点工作，意味着陕西的服务贸易创新发展面临着更大的挑战。

（三）挑战三：监管模式难以适应服务贸易发展需求

我国尚缺乏针对服务贸易进出口的监管政策，仍沿用对传统制造生产和货物贸易的监管理念和手段，不适应对通关便利化的新要求。例如，企业反映软件研发服务以网上签订合同与交易为主，但仍需以实物光盘作为通关"凭证"以办理结售汇手续。跨国企业看重我国研发技术人才成本较低、综合素质较高、产业集聚能力强等，向我国转移新药研发服务与平台、制药基地等意愿强烈。但医疗用品、耗材、试剂等产品的通关仍沿用原有监管方式，进口少量用于研发的药物，上市销售医疗药品需经多部门审批，对于时间、质量高度敏感的医药研发检测等业务拓展的影响较大。

服务贸易的行业准入、新建投资项目以及企业经营方面仍存在较多监管措施。部分已对外开放的服务业领域，仍存在较多行业许可和资质要求，造成"大门开小门不开"等问题，增加了各类主体进入市场的难度和成本。

五、基于 SWOT 模型的陕西服务贸易创新发展环境分析

基于 SWOT 模型的陕西服务贸易创新发展环境分析如表 6-5 所示。

表 6-5　陕西服务贸易 SWOT 分析

S	①陕西服务贸易发展基础扎实 ②陕西竞逐数字赛道带来创新活力 ③陕西特色资源和"一带一路"助力服务贸易	W	①服务贸易领域高端人才缺乏 ②中介服务能力有待提升 ③财税金融政策仍不完善
O	①全球服务贸易快速增长和巨大的市场需求 ②中国服务贸易创新发展进入快速发展阶段 ③服务贸易创新试点政策持续推进	T	①国际服务贸易市场竞争激烈 ②国内城市之间竞争压力逐渐增大 ③监管模式难以适应服务贸易发展需求

第二节　陕西服务贸易创新发展的战略方向

一、组合战略分析

当外部环境带来发展机遇时，我们更应该重视增强内部发展优势，通过内部优势把握住外部环境所带来的发展机遇，使其两相结合，进而促进陕西服务贸易的创新发展。通过对陕西的现状分析，可以发现陕西服务贸易基础扎实，完善的政策制度和业已形成的软件服务外包产业优势，为陕西的服务贸易创新发展提供

了坚实的发展前提。因此，陕西诸多企业应该充分发挥其领导作用，充分利用人力资本优势，落实政府的创新政策扶持，以推动该区域的服务贸易创新发展。

（一）扭转型（WO）

当区域面临强大的市场竞争的时候，内部的发展优势已经不足以使其在竞争者中脱颖而出，此时我们应该改变发展战略来扭转局势。陕西当前存在服务贸易领域高端人才匮乏以及政策落地难的问题，因此，想要扭转局势，就必须完善人才引进机制而培养高端人才，增强品牌战略，加强合作，顺应全球发展趋势和市场趋势，以增强其竞争力。

（二）多种经营（ST）

在市场竞争日趋激烈的当下，每个地区都拥有其固有的内在优势。然而，当面临外部威胁和挑战时，这些优势往往难以得到有效利用。当前国际服务贸易市场竞争逐渐激烈，国内各省各城市之间竞争压力逐渐加强，陕西当前仍然在其特色产业和对高附加值产业的发展不够充分，因此我们需要借鉴其他地区的发展经验，结合本地区发展现状来制定发展战略。陕西应加强对高附加值产业如软件信息技术产业的重视程度。

（三）防御型（WT）

面对地区内部的不利条件和宏观环境的挑战，企业可能会遭遇严峻的风险，在这种情况下，我们应考虑实施防御性的策略选择。陕西当前存在诸多内部劣势制约其发展，如若当外部环境也面临巨大的竞争压力时，将对陕西的服务贸易创新带来巨大挑战，当面临此种困境，我们需要加强服务贸易企业间的沟通合作，协调发展，并采取低成本的发展战略，以此降低风险而抵御市场风险。

二、战略选择

综上所述，根据 SWOT 分析结果我们可以看出，陕西服务贸易的创新发展机遇与挑战共存，虽然拥有诸多优势，但仍存在许多制约创新发展的因素。以推动陕西服务贸易的优质增长为核心目标，遵循《中共中央 国务院关于推进贸易高质量发展的指导意见》，陕西将致力于提升开放程度，拓宽合作领域，培养一批关键的服务贸易企业、知名品牌和产业集群，以此促进服务贸易的优质增长。

全面深化服务贸易创新发展目标：

（一）总量规模持续扩大

推动服务业和现代农业、先进制造业加速融合发展，服务业对全省经济增长的贡献增强。到 2025 年，服务业增加值力争突破 1.8 万亿元，年均增速 7%左右，服务业增加值占全省地区生产总值的比重达到 50%左右。

（二）内部结构不断优化

服务业数字化特别是生产性服务业数字化程度明显提升，生产性服务业效率和专业化水平显著提高。到 2025 年，生产性服务业增加值占服务业增加值比重达到 50%左右。

（三）平台建设稳步推进

着力打造一批产业深度融合、服务功能强、辐射效应广的服务业发展新平台、新载体。到 2025 年，改造提升、培育引导和规划新建重点服务业集聚区 100 个。

（四）发展环境持续改善

服务业领域"放管服"改革持续深化，高标准市场体系基本建成，对外开放水平进一步提高，阻碍服务业发展的体制机制障碍逐步消除。到 2025 年，服务贸易额达到 100 亿美元。

（五）鼓励服务外包企业转型升级，培育龙头企业，认定省级服务外包示范城市（地区）

贯彻落实《陕西省"十四五"软件业发展规划》，加快发展计算机、软件及信息服务，做好软件产业运行监测，通过征集首版次软件产品项目，鼓励企业自主研发国产软件。推动服务外包企业积极参与高新技术企业和技术先进型服务企业认定，发掘和扶持研发、设计、检测、维修、租赁等生产性服务外包企业，鼓励生物医药研发，支持企业 5G、物联网等新型技术发展。利用中省资金鼓励企业承接离岸和在岸服务外包业务、服务外包研发技改等，支持省级服务外包人才培训基地和实习实训基地开展培训业务。

三、发展特色领域

（一）推进文化出口基地建设

推动国家文化出口基地（西安高新区、西安曲江新区）发展，建设和完善文化出口公共服务平台，为基地企业提供综合服务。发掘和培育有较强国际竞争力的外向型文化贸易企业，培育规模以上文化企业，发展数字文化贸易。指导西安高新区、西安曲江新区、陕西动漫产业平台等积极推动数字出版、数字影视、数字演艺、数字艺术展览、动漫游戏、电竞、创意设计等新型文化出口，促进重点领域扩大文化出口。

（二）促进中医药服务出口基地建设

持续推动国家中医药服务出口基地（西安中医脑病医院）建设，带动中医药服务企业集聚发展。推进陕西中医药大学申报国家中医药服务出口基地。支持咸阳、铜川等地培育中医药服务企业，鼓励中医药类大专院校、医疗机构、企业吸引境外消费者来陕接受中医药医疗保健、教育培训、文化体验。鼓励医院和医疗机构开展中医远程医疗服务，搭建中医药综合服务平台。完善和推进来华就医签证便利化政策，协调国家相关部委放宽中医服务签证有效期。

（三）开展全省服务贸易示范园区的认定工作

积极申报国家语言服务、人力资源服务、知识产权服务、地理信息服务等专业特色服务出口基地。开展国家级文化和旅游消费试点示范城市、国家级夜间文化和旅游消费集聚区创建工作。支持秦创原、中俄丝路产业园、陕西动漫产业平台、丝路软件新城、思禾文化产业园等园区的建设和发展。

第三节　陕西服务贸易创新发展的重点领域选择依据

在构建陕西服务贸易创新发展的重点领域评价指标体系前，要确定重点领域选择的依据。根据"十四五"规划的指导，中国当前的服务贸易发展面临前所未有的新机遇，陕西服务贸易创新发展所选的重点领域应具有良好的市场前景，符合服务贸易创新发展趋势，并结合陕西服务贸易相关产业实际情况，具有一定的产业发展基础，满足中央和地方政府产业发展规划的要求和政策支持，且有较大关联性的产业。本书在分析区域产业选择理论依据的基础上，结合陕西服务贸易的特点，以市场前景、技术趋势、发展基础、产业关联和政策导向这五个方面为选择依据，对西安服务贸易创新发展的重点领域进行选择。

一、市场前景

在选择重点领域时，不仅要关注其发展目标，还要考虑市场需求。只有实际或潜在需求不断增加，该行业才能持续发展。陕西在服务贸易创新发展过程中，需要对区域内、国内乃至全球的市场需求情况和变化趋势进行预测，并分析哪些行业存在需求不足或市场需求扩大的趋势，有意识地从这些行业中挑选出需要进行创新发展的重点行业。

二、技术趋势

技术发展趋势对于陕西服务贸易的发展至关重要。技术创新是服务贸易创新发展的动力和源泉，决定着服务贸易创新发展的方向。服务贸易相关产业要取得长足发展，必须掌握行业的关键核心技术。因此，在选择重点领域时，必须考虑技术发展趋势对于该领域未来发展潜力的影响。

三、发展基础

陕西服务贸易创新发展重点领域的选择还应考虑现有的产业发展基础。只有选择那些已经具备一定基础，未来能够成长壮大的产业作为重点来培育，才能更好地实现资源的合理配置。

四、产业关联

各个产业间的经济联系和生产技术的垂直关联，通过顺序的扩散和梯度的传递作用而对其他产业产生影响。因此，选定的重点领域不仅要有巨大的发展空间，而且要在纵向上有较大的联系与影响力，从而带动相关产业和配套产业的发展，并最终对陕西经济的发展起到带动与推进作用。

五、政策导向

政府的各项产业政策以及产业发展规划，能够改变特定区域的经济发展环境，对一个地区产业的形成和发展产生深刻影响。在确定服务贸易创新发展重点领域的过程中，一方面应遵循产业发展的一般规律，另一方面应充分考虑政府的产业规划和政策导向，使最终选出的产业既符合国家总体产业发展规划与布局，又能得到地方政府的政策支持，从而获得强大的外部推动力，更好地促进区域经济的发展。

第四节　陕西服务贸易创新发展的重点领域选择

一、评价指标的选取

为了确保选取的指标能够更加全面、客观、真实，在确定陕西服务贸易创新发展的重点领域时，建立的评价指标体系应遵循以下原则：

（1）系统全面原则。在选择重点领域的评价指标时，能够全面系统地反映选择依据考虑的方面，并确保评价指标的覆盖面广、反映到位。

（2）科学性和可操作性原则。所选择的评价指标应科学、实用，相关数据等资料应易于获取与使用。同时，所选取的计算方法应科学可靠，容易实施。

（3）定性和定量指标相结合的原则。评价指标体系既包括定量指标，又包括定性指标，能综合反映所评估对象的存在问题和发展趋势，以及普遍反映的基本特征。

（4）可比性原则。所选取的指标应具有可比性，在不同地区、时间等情况下具备参照性，便于有针对性地进行比较和综合分析。

依据陕西服务贸易创新产业的重点发展领域选择标准，并结合服务贸易产业的特有属性及指标体系构建准则，从六个维度筛选陕西服务贸易创新的发展重点领域。具体包括：

第一，产业市场前景。通过描绘产业市场的预期走向、需求规模及其增长速度，从而阐述未来产业市场的走向。这主要依据市场的潜在增长力和行业的增长速率来评价陕西服务贸易领域的未来市场前景。市场的潜在增长力主要显示陕西不同服务贸易领域的预期市场大小，增长率则显示其扩张速度。

第二，技术创新程度。技术进步的水平能够揭示其轨迹以及服务贸易行业的前进路径。产品创新的速率可以指示技术进步的导向。同时，生产技术的先进性展现了迅速将新产品和服务转化为商业化应用的能力。

第三，产业发展现状。当前的产业发展状况主要用于概述陕西服务贸易创新领域的当前状况，评价依据包括产业的规模、结构、布局和企业组织构成四个关键因素。产业规模显示了陕西服务贸易创新产业的整体大小；产业结构显示了陕西不同服务贸易领域的覆盖广度；产业布局显示了陕西服务贸易创新企业的集中程度；企业组织则显示了陕西服务贸易企业的数量及其在全国的排名情况。

第四，产业发展基础。产业的发展根基是确保陕西服务贸易创新产业成长的关键，它为该产业的发展提供了研发、人才、资金和技术等关键资源的支持，并通过研发实力、人力资本、技术水准和资金注入四个关键指标衡量。

第五，产业关联度。产业的相互关联性用来描绘产业对上游和下游产业的支持与影响，以及对其他产业的扩散效应，评价这一关联性主要依据感应度指标、影响力指标和产业的辐射力指标。

第六，政府政策导向。政府的政策方向主要指政府在产业规划和政策扶持方面对服务贸易创新与发展的作用，这显示了国家的政策倾向。评价这一方向主要依据政府的中长期发展计划和政策扶持措施。产业的发展蓝图显示了政府对该产业发展的重视程度，而政策扶持的力度反映了对陕西服务贸易企业的优惠程度。

二、评价指标体系的构建

根据对各个指标的分析，陕西服务贸易创新发展重点领域选择评价指标的层次结构模型如图6-1所示。

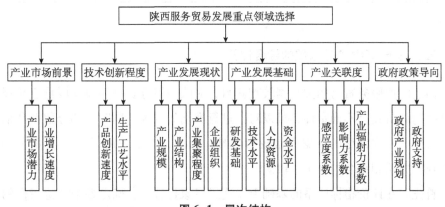

图6-1 层次结构

根据各因素间的相互关系将其划分为三层：目标层 A，准则层 B（6 个指标）和要素层 C（17 个评价指标），建立陕西服务贸易创新发展重点领域选择的评价指标体系，如表6-6 所示。

表6-6　西安—陕西服务贸易创新发展重点领域选择的评价指标体系

目标层（A）	准则层（B）	要素层（C）
陕西服务贸易创新发展重点领域的选择（A）	产业市场前景（B_1）	产业市场潜力（C_{11}）
		产业增长速度（C_{12}）
	技术创新程度（B_2）	产品创新速度（C_{21}）
		生产工艺水平（C_{22}）
	产业发展现状（B_3）	产业规模（C_{31}）
		产业结构（C_{32}）
		产业聚集程度（C_{33}）
		企业组织（C_{34}）
	产业发展基础（B_4）	研发基础（C_{41}）
		技术水平（C_{42}）
		人力资源（C_{43}）
		资金投入（C_{44}）
	产业关联度（B_5）	感应度系数（C_{51}）
		影响力系数（C_{52}）
		产业辐射力系数（C_{53}）
	政府政策导向（B_6）	政府产业规划（C_{61}）
		政策支持（C_{62}）

三、基于 AHP 备选领域的综合评价

由于陕西服务贸易相关数据较难获得，对陕西服务贸易创新发展重点领域进行选择与评价具有不确定性，难以对其进行准确的测算。同时，部分数据和信息属于机密，获取详尽的数据通常较为困难。因此，本书采用了广泛认可的 AHP 与 FAHP 方法相结合的分析手段。

首先，在评价指标体系的基础上，通过专家打分法，确定各个评价指标的权

重。其次，通过模糊综合评价法对各产业进行综合评价，对评价结果进行排序。

（一）备选领域

根据陕西服务贸易创新发展的市场需求状况，技术创新情况，陕西服务贸易产业各个领域的产业现状和产业发展基础，各领域的产业关联度和政府支持力度等情况，最终确定服务外包，电信、计算机和信息服务，保险，运输，建筑，维护和维修服务，个人、文化和娱乐服务，知识产权服务费，政府服务这九个领域作为西安服务贸易创新发展备选领域。

（二）评价指标权重的确定

在分析国内外服务贸易相关产业发展现状与趋势、陕西服务贸易创新发展基础和陕西服务贸易相关产业外部环境的基础上，邀请相关专家对各评价指标的相对重要性进行量化，构造判断矩阵，计算各个评价指标的权重并进行一致性检验。

由于量表本身的特性和个体主观判断的双重作用，专家提供的判断矩阵可能会表现出不一致性。在这种情况下，应对判断矩阵进行检验和修正。进行一致性检验，就是计算判断矩阵的一致性指标 CR，其中：

$$CR = \frac{CI}{RI}$$

设 n 为判断矩阵的阶数，为 λ_{max} 判断矩阵的最大特征值，CI 为单排序的一致性指标，计算公式为：

$$CI = \frac{\lambda_{max} - n}{n - 1}$$

因 RI 为定值，可由表 6-7 得出。

表 6-7　判断矩阵阶数与 *RI* 值的对应

矩阵阶数	1	2	3	4	5	6	7	8	9
RI	0.00	0.00	0.58	0.90	1.12	1.24	1.32	1.41	1.45

各指标层次的判断矩阵及一致性检验结果如表 6-8 所示。

表6-8　总目标的判断矩阵

A	B_1	B_2	B_3	B_4	B_5	B_6	权重
B_1	1	3	2	2	4	5	0.3299
B_2	1/3	1	1/3	1/2	3	4	0.1237
B_3	1/2	3	1	2	4	4	0.2523
B_4	1/2	2	1/2	1	4	4	0.1872
B_5	1/4	1/3	1/4	1/4	1	2	0.0618
B_6	1/5	1/4	1/4	1/4	1/2	1	0.0451

资料来源：根据专家打分表问卷回收整理计算。

解得：$\lambda_{max} = 6.2466$，一致性检验结果为 CR = 0.0391 < 0.1。如表6-9 所示。

表6-9　市场发展前景的判断矩阵

B_1	C_{11}	C_{12}	权重
C_{11}	1	2	0.667
C_{12}	1/2	1	0.333

解得：$\lambda_{max} = 2.0$，一致性检验结果为 CR = 0.0 < 0.1。如表6-10 所示。

表6-10　技术创新程度的判断矩阵

B2	C_{21}	C_{22}	权重
C_{21}	1	2	0.667
C_{22}	1/2	1	0.333

解得：$\lambda_{max} = 2.0$，一致性检验结果为 CR = 0.0 < 0.1。如表6-11 所示。

表6-11　产业发展现状的判断矩阵

B_3	C_{31}	C_{32}	C_{33}	C_{34}	权重
C_{31}	1	4	4	1	0.404
C_{32}	1/4	1	3	1/3	0.143

续表

B_3	C_{31}	C_{32}	C_{33}	C_{34}	权重
C_{33}	1/4	1/3	1	1/4	0.077
C_{34}	1	3	4	1	0.376

解得：$\lambda_{max} = 4.1233$，一致性检验结果为 $CR = 0.0462 < 0.1$。如表 6-12 所示。

表 6-12　产业发展基础的判断矩阵

B_4	C_{41}	C_{42}	C_{43}	C_{44}	权重
C_{41}	1	3	2	4	0.463
C_{42}	1/3	1	1/2	3	0.176
C_{43}	1/2	2	1	3	0.275
C_{44}	1/4	1/3	1/3	1	0.086

解得：$\lambda_{max} = 4.0873$，一致性检验结果为 $CR = 0.0327 < 0.1$。如表 6-13 所示。

表 6-13　产业关联度的判断矩阵 C

B_5	C_{51}	C_{52}	C_{53}	权重
C_{51}	1	1/3	2	0.249
C_{52}	3	1	3	0.594
C_{53}	1/2	1/3	1	0.157

解得：$\lambda_{max} = 3.0536$，一致性检验结果为 $CR = 0.0516 < 0.1$。如表 6-14 所示。

表 6-14　政府政策导向的判断矩阵 B6-C

B_6	C_{61}	C_{62}	权重
C_{61}	1	1/2	0.333
C_{62}	2	1	0.667

解得：$\lambda_{max} = 2.0$，一致性检验结果为 $CR = 0.0 < 0.1$。

通过计算，以上各个评价矩阵的一致性比率均小于 0.1，满足一致性检验的要求，较为客观地反映了产业发展的实际情况。确定准则层中，各指标相对于目标层指标的权重如表 6-15 所示。

表 6-15　准则层各指标权重

准则层指标	产业市场前景	技术创新程度	产业发展现状	产业发展基础	产业关联度	政府政策导向
权重	0.3299	0.1237	0.2523	0.1872	0.0618	0.0451

由此可以看出，在陕西服务贸易创新发展重点领域选择的过程中，对于准则层的 6 个综合指标，产业市场前景和产业发展现状是最重要的考虑因素，其次是产业发展基础和技术创新程度。

通过计算，得到各要素层评价指标相对于目标层的权重整理，如表 6-16 所示。

表 6-16　要素层评价指标相对于目标层的权重

要素	C_{11}	C_{12}	C_{21}	C_{22}	C_{31}	C_{32}	C_{33}	C_{34}	C_{41}
权重	0.2199	0.1100	0.0825	0.0412	0.1020	0.0361	0.0194	0.0949	0.0867
要素	C_{42}	C_{43}	C_{44}	C_{51}	C_{52}	C_{53}	C_{61}	C_{62}	
权重	0.0329	0.0515	0.0160	0.0154	0.0367	0.0097	0.0150	0.0301	

要素层 17 个评价指标的组合权重集为：

W = (0.2199, 0.1100, 0.0825, 0.0412, 0.1020, 0.0361, 0.0194, 0.0949, 0.0867, 0.0329, 0.0515, 0.0160, 0.0154, 0.0367, 0.0097, 0.0150, 0.0310)

四、基于模糊综合评价法的服务贸易产业综合评价

根据研究需要，本书将每个评价指标用 5 个不同满意程度等级的词语来表示：将评语集分为"很好""好""一般""较差""差"五个层次，其对应的分值分别为 5、4、3、2、1。

确定评语集如下：

$V = \{V_1, V_2, V_3, V_4, V_5\} = \{$很好，好，一般，较差，差$\}$

根据评语集制定调查问卷，并请陕西贸易领域的相关专家和企业家分别对不同的服务贸易领域进行五等级评价，对评价结果进行统计整理，得出专家比重数，利用模糊统计的方法得到各指标的隶属度，然后对各种服务贸易领域进行单因素评价，建立模糊评判矩阵 R。

由于数据量较大，本书仅以软件信息技术产业的计算过程为例进行说明，其他服务贸易产业计算过程以此类推。

以软件信息技术为例，各指标在各个评价等级上的隶属度确定的 b 模糊评判矩阵为 R_1：

$$R_1 = \begin{bmatrix} 0.3 & 0.5 & 0.1 & 0.1 & 0 \\ 0.1 & 0.4 & 0.5 & 0 & 0 \\ 0.1 & 0.3 & 0.4 & 0.2 & 0 \\ 0.4 & 0.4 & 0.1 & 0.1 & 0 \\ 0.7 & 0.2 & 0.1 & 0 & 0 \\ 0.6 & 0.3 & 0.1 & 0 & 0 \\ 0.4 & 0.4 & 0.2 & 0 & 0 \\ 0.5 & 0.4 & 0.1 & 0 & 0 \\ 0.7 & 0.3 & 0 & 0 & 0 \\ 0.8 & 0.2 & 0 & 0 & 0 \\ 0.6 & 0.3 & 0.1 & 0 & 0 \\ 0.6 & 0.2 & 0.2 & 0 & 0 \\ 0.2 & 0.3 & 0.3 & 0.1 & 0.1 \\ 0.3 & 0.3 & 0.2 & 0.1 & 0.1 \\ 0.1 & 0.3 & 0.3 & 0.1 & 0.2 \\ 0.2 & 0.4 & 0.2 & 0.2 & 0 \\ 0.1 & 0.4 & 0.3 & 0.1 & 0.1 \end{bmatrix}$$

资料来源：根据专家打分表问卷回收整理计算。

软件信息技术的模糊评判矩阵 R_1 与指标权重向量 W 相乘得软件信息技术的综合评价向量 S_1：

$S_1 = W \times R_1 = (0.4001, 0.3567, 0.1769, 0.0559, 0.0113)$

对 S_1 进行归一化处理得：

$S'_1 = (0.3997, 0.3565, 0.1767, 0.0558, 0.0113)$

为保持与调查问卷评价分数的一致性，设各种服务贸易领域产业的评价等级分量值矩阵为 $F = (5, 4, 3, 2, 1)$，将 S'_1 与 F 相乘即得出软件信息技术的综合评价结果分值为：

$D_1 = S'_1 \times F^T = 4.175$

因此，通过模糊综合评价法，可以得出软件信息技术的综合评价结果为 4.175（满分为 5 分）。

同理可得其他服务贸易创新发展产业备选领域的综合评价结果如表 6-17 所示：

表 6-17　陕西服务贸易创新发展重点领域备选领域综合评价得分

陕西服务贸易创新发展 备选领域	综合评价得分 （满分为 5 分）	排名
服务外包（D_1）	4.175	1
电信、计算机和信息服务（D_2）	3.966	2
软件与信息技术（D_3）	3.616	3
个人、文化和娱乐服务（D_4）	3.557	4
保险（D_5）	3.012	5
运输（D_6）	2.754	6
建筑（D_8）	2.373	7
知识产权服务费（D_7）	2.252	8
政府服务（D_9）	1.853	9

第五节　陕西服务贸易创新发展的重点领域及方案

通过对陕西服务贸易创新发展产业各个领域进行综合评价，可以看出，服务外包评分最高，其次是电信、计算机和信息服务，软件与信息技术和娱乐服务紧随其后。因此，确定西安服务贸易创新发展的重点领域为服务外包、电信、计算机和信息服务。

一、服务外包

陕西服务贸易创新发展的重点领域之一是服务外包。服务外包指企业将其非核心业务外包给专业服务提供商，以降低成本、提高效率和专注于核心业务。陕西在服务外包领域具有一定的优势和潜力，因此可以选择该领域作为创新发展的重点。

服务外包领域的创新发展方案，包括加强技术创新，鼓励企业加大技术研发投入，提升服务外包的技术含量和附加值；培育专业人才，通过与高校、培训机构合作，培养服务外包所需的各类专业人才；拓展市场渠道，积极参与国内外服务外包展会，拓宽市场渠道，提高企业的知名度和竞争力；优化政策环境，制定有利于服务外包发展的政策措施，为企业提供税收、金融等方面的支持；加强行业协会建设，发挥行业协会在沟通、协调、自律等方面的作用，推动服务外包行业健康有序发展。

通过以上方案的实施，陕西可进一步提升服务外包产业的发展水平，提高产业竞争力，为区域经济发展注入新的活力。

二、电信、计算机和信息服务

电信、计算机和信息服务是陕西服务贸易创新的重点方向之一。近年来，随着科技革命和产业变革的不断深化，陕西在信息技术领域的技术创新取得了显著成就，网络基础设施建设加速，信息化服务普及化，产业数字化转型达到新水平，数字产业化水平显著提高，数字经济管理体系更加健全。数字技术与服务贸易的快速融合推动了我国数字贸易的高速增长，其规模不断扩大，服务贸易中的占比显著提升。网络基础设施的升级换代，固定宽带从百兆级跃升至千兆级，光网城市全面建设，移动通信技术从 4G 向 5G 演进，在全球网络、产业和应用方面保持领先地位。近年来，陕西加快了千兆光纤和 5G 网络的建设步伐，出台了40 多项优化行业环境的政策文件，指导省内基础电信企业有序推进"双千兆"网络建设，持续增强宽带基础设施的服务能力。截至 2023 年，陕西 5G 基站数量达到 9.6 万个，万兆无源光端口总数达到 62.5 万个，物联网终端用户数累计达到 7491 万户；完成了 6729 个城镇老旧小区的高质量改造，惠及近 60 万户居民，实现了全省 1.7 万个行政村和 1100 多个自然村的光纤及 4G 网络覆盖，为数字经济的发展注入了强大动力。

陕西大力发展电子信息制造业，先后引进三星闪存、彩虹 8.6 代线、奕斯伟硅材料、隆基 100GW 硅片、50GW 电池等大企业大项目落地建设，培育形成了集成电路、智能终端、新型显示、太阳能光伏等多个千亿、百亿产业集群。华为、中兴、中软国际等均在西安设立万人研发基地。"十三五"时期以来，陕西电子信息制造业快速发展，年均增速高达 22%，2022 年营业收入 2308.5 亿元。

依托秦创原创新驱动平台建设，重点聚焦光通信、毫米波、5G 增强、6G、量子通信等领域，集中优势资源攻关，推进相关技术、标准和应用场景研究，推动创新成果与产业发展紧密结合，提高创新链整体效能，实现科技自立自强，为经济社会可持续发展提供强有力的创新支撑。

三、软件和信息技术

软件信息技术产业，在综合评分中相较于其他产业具有绝对优势。软件信息技术服务具有较大的市场需求，有充足的人力资本和较好的基础设施条件。软件信息技术中的软件服务外包正逐渐成为一种趋势，借助行业领军企业的力量，优先推进人工智能领域的操作系统、开发工具和开源软件平台等基础软件开发。同时，积极培育航空航天、轨道交通、能源、医疗、教育、金融等行业的基础性工业软件、通用软件、行业专用软件和嵌入式应用软件开发。鼓励信息技术咨询设计、软件开发生测、信息系统整合、运维服务、信息技术培训等服务型企业的成长和扩张。同时，支持西安发展成为"中国软件名城"。

第六节 陕西服务贸易发展的重点区域：西安高新区

高新区已成为西安对外开放的高地和外向型经济发展的引擎。高新区服务贸易承担起高新区外向型经济的主战场、主阵地功能，高新区服务贸易发展的核心价值和意义重大。

从服务贸易的基础属性看，服务贸易伴随着货物贸易的发展而产生，服务贸易拓展并扩大了货物贸易的市场规模，有利于高新区出口工业企业实现规模经济，提高生产技术效率和专业化竞争优势，形成了包含资本形成和技术创新等一系列促进经济发展的机制，推动区域经济增长。

从服务贸易对 GDP 的贡献和吸纳就业看，西安高新区在全市的经济比重不断提升，从 2020 年的 24.1% 提高到 2022 年的 27%，再到 2023 年上半年的 28.8%，占全省的经济比重进一步提高到 10.4%。西安的服务贸易进出口总额占全省服务贸易的 92.4%，其中，2022 年高新区的服务贸易净出口对全市经济的贡献率升至 3.95%，高新区的生产性服务贸易对工业增长的贡献率达到了 22.35%，表明高新区在推动全市经济增长方面的服务贸易发展成绩显著。

在促进就业方面，高新区有效发挥了服务贸易（服务外包）的就业吸纳作用。西安软件园作为软件和服务外包的园区平台，已吸纳超过 35 万的就业人口。高新区积极组织了"2022 年人力资源及服务外包促就业专项行动"和"24365 校园招聘服务——陕西专场招聘"等活动，吸引了 1445 家企业的广泛参与，成功招聘并安置了 12201 名就业人员。

从服务贸易业态特征看，高新区以信息技术外包为代表的服务外包具有较强抗压能力和比较优势。软件和服务外包指软件和服务提供者借助信息技术远距离提供服务，是服务贸易的一种重要形态。受新冠疫情影响，货物贸易整体下滑，服务外包产业表现出较好的抗冲击能力，承接离岸服务外包执行额却逆势增长 9.2%，网络和数字技术为服务外包的发展提供了强有力的技术支撑和优势，高新区向全球任何地点提供服务的跨境成本几乎可以忽略不计，带来服务贸易成本的进一步降低。服务外包的规模不断扩大，为稳定高新区服务出口发挥了重要作用，同时有效拓展服务贸易发展新空间、就业机会和获利空间。目前，高新区已与 450 多个国家和地区建立了服务贸易关联，有效拓展高新区服贸企业的"朋友圈"。

从服贸出口内部结构看，高新区知识密集型服务贸易出口占比由 2016 年的 16.8% 提高到 2020 年的 20.3%。这一比例的提升得益于高新区软件和服务外包在创新驱动发展和培育贸易新业态新模式中重要作用的发挥，技术服务出口推动了加工企业向高技术、高附加值、高品质、高效益的转型，服务贸易和货物贸易的联系日益紧密，进而整体上对高新区的货物贸易起着越来越大的引领和支撑作用，服务贸易成为产业迈向全球价值链中高端的关键环节和推动高新区外贸高质量增长的新引擎，在高新区开放型经济中的战略地位越来越显著，成为外贸结构升级的主战场。

以信息技术外包为代表的服务贸易不受货物贸易下滑和经济增长放缓的影响，成为推动高新区经济逆势走强、高质量增长的主要推动力量。高新区服务贸易事实上承担起了高新区外向型经济的主战场、主阵地功能，这是高新区服务贸易的基础功能和基本定位。

西安作为服务外包示范城市，在拓展服务贸易开放领域、提升服务贸易便利化水平、深化服务贸易创新发展、完善服务贸易联席机制市级层面取得诸多成绩。同时，根据商务部等 9 部门联合印发的《中国服务外包示范城市综合评价办法》的要求进行评价，多项指标低于全国平均水平，尤其是"产业发展情况""服贸市场结构"和"龙头企业分布"等方面与其他排名靠前的城市有一定差距，总体水平与北上广深重点城市相比差距较大，发展中存在"不均衡、不平衡、不协调"状态。商务部按照《中国服务外包示范城市综合评价办法》得出的上述评价结论，意味着西安在未来发展服务贸易产业中面临着诸多挑战，同时反映出西安高新区发展服务贸易仍然存在一些较为突出的制约因素和瓶颈问题。

一、西安高新区服务贸易发展的关键问题

（一）问题 1：服务贸易对开放型经济的支撑与贡献

服务贸易从总供给和总需求两个层面促进区域经济增长。从总供给看，服务贸易有利于就业创造、人力资本积累、促进技术进步和制度创新；从总需求看，服务贸易有利于提升优质产品消费、扩大投资，以及通过中间产品投入扩大货物贸易出口。为充分发挥服务贸易对经济增长的直接和间接促进效应，应通过大力发展服务贸易，促进产业结构的优化升级和全要素生产率的提高。

一方面，要肯定高新区服务贸易实际承担了全市外向型经济的主战场、主阵地功能。2023 年上半年，高新区实现生产总值（GDP）1614.72 亿元，同比增长8.4%，经济总量分别占陕西的 10.4% 和西安的 28.8%。高新区的服务业在西安

GDP 中占比高达 56%，对西安经济增长的贡献度为 26.7%；在吸引外资方面，高新区服务业吸引的外资占陕西总外资的 70% 以上。高新区的服务贸易通过促进制造业的高端发展、推动货物贸易的增长、加速技术传播与融合等途径，助力高新区经济社会的高质量发展。整体来看，2023 年，高新区外贸表现强劲，外贸发展质量和效益持续向好，高新区龙头引领作用相对稳固，实现进出口额 3394 亿元，增长 20.45%，占比 77.08%，同比降低 4.12 个百分点。高新区服务贸易依旧是西安外贸增长的主力军。

另一方面，从服务贸易对高新区开放型经济的支撑与贡献来看，要发展更高层次的开放型经济，立足"双循环"发展新格局，深度参与全球经济合作和竞争，应进一步优化服贸结构，引进和培育一批掌握尖端技术、核心技术和关键技术的创新型服贸企业主体，在城市开放度、贸易便利化和服务贸易的行业准入制度方面下功夫，推动体制机制改革，不断扩大和进一步便利知识密集型服务贸易出口。提升整体服务贸易的开放经济水平和外向度，不仅要做强已有优势的软件与服务外包主导产业和关联产业，还要着力培育有竞争力的市场主体，让服务外包各细分领域涌现更多龙头企业。

当前，高新区在服务贸易结构上存在的问题包括：一是服务贸易与货物贸易之间存在发展不均衡的现象，其中货物贸易的占比显著超过服务贸易。2020 年，西安服务贸易额约为 54 亿美元，占同期对外贸易额的 10.5%，低于全国平均值 3.6 个百分点。二是区域发展不平衡。西安服务贸易额主要集中在高新区，其中高新区软件服务外包产业占全市八成以上，文化出口服务主要集中在高新区和曲江新区。三是除软件和服务外包行业以外，覆盖范围有限，金融保险、知识产权、文化娱乐、其他商业服务等以数字化形式交付的高知识含量服务贸易领域参与度不高，企业在技术创新和竞争力方面有待加强。此外，知识密集型服务贸易的比重相对较小。尽管知识密集型服务贸易出口呈现逐年增长的趋势，但从全球服务贸易的结构来看，知识产权使用费、信息技术服务、文化娱乐、养老服务、保险、金融、技术服务、其他商务服务等知识密集型服务的出口占比超过 50%。2020 年，西安高新区知识密集型服务进出口额约为 12.39 亿美元，占同期服务贸易总额的 22.8%，低于全国平均水平约 12%。

服务贸易市场主体多而不强。高新区龙头企业成为服务贸易发展的主力军，如中软国际在内的五家企业占据了软件与服务外包的98%，软件与服务外包占据整个服务贸易的80%以上。说明高新区服务贸易企业众多，但各细分领域头部企业较少，发展质量参差不齐，竞争优势不够明显。自主研发的关键技术比例不高，对于基础软件、核心组件、高端芯片等高度依赖进口。在全球软件产业链中，操作系统、中间件等关键技术主要依赖外国，而数据价值链的关键环节也由少数国外企业控制。在软件和服务外包产业发展情况统计指标中，高新区承接离岸服务外包执行额规模较小，导致承接服务外包业务执行额增速低于全国平均水平。原因是中美贸易的持续影响，对美出口业务执行额大幅下降。根据陕西省商务厅服务外包及软件出口信息管理系统的统计，2022年，高新区服务外包企业数量为109家（按执行额）。其中，中软国际和力成半导体两家企业承接服务外包执行额分别为9.3亿美元和1.6亿美元，两家企业占西安服务外包执行总额比例达67%，其他107家当年申报业务的企业只占34%。中小企业占较大比例，企业规模小，对服务外包产业发展的贡献能力小，直接影响全市服务外包产业规模的提升和对开放型经济的支撑与贡献。

（二）问题2：服务贸易嵌入产业发展情况

"制造业服务化"是服贸长远发展和产业价值链延伸的核心，高新区产贸融合主要体现在服贸嵌入龙头主干制造业企业。立足西安高新区产业配套优势，陕鼓、西电、法士特、比亚迪等20余家制造业龙头企业试点实施产业链削减工程，按照"制造业核心主业做优做强，非核心主业适度剥离外包"的方式，制造业通过揭榜挂帅制度、组建重点试验室与高水平研发队伍、加大研发投入等方式，全面提升核心产品服务能力和出口竞争力；在此基础上，对处在低附加值、产业链末端的业务板块如铸造、铆焊等实施整体外包，以确保有限要素资源、资金等集中在核心主业领域，助推制造业核心主业服务化转型，加速向"制造+服务""产品+服务"转型。

比如，陕鼓集团推出全生命周期智能设计制造及云服务系统平台，向用户提供"保姆式"工业服务支持；法士特集团突出供应链服务新模式，以"技术+""商务+""研发+""设计+"方式，构建供应链综合服务平台，为上下游企业提供基于供应链的技术、商务、研发、设计等增值服务；西电集团在做好海外输配电产品产业集群的基础上，重点在技术、产业和市场等领域强化全球服务与供应链布局，为用户提供系统工程总包、单元工程总包等工程承包服务，带动技术服务、产品服务等快速出海。

同时我们也要看到，龙头制造业企业服务化转型仍处于试点阶段，尽管已探索出制造业全产业链条嵌入服务贸易的独特路径，但对服贸规模、额度的贡献还没有完全展现出来，其原因是：一方面，来自制造业服务化转型处于试点阶段，转型程度和深度有待提升，且对高新区服贸规模、额度的贡献具有滞后效应；另一方面，与增值服务相关的制造业企业新增技术服务、数字服务、设计服务等高附加值业务，表现为研发设计、系统集成、检测认证、专业外包、市场开拓、生产性金融、知识产权等服贸业务发展相对缓慢，为软件与服务外包进行相关服务的中介机构发展依然数量偏少、业务偏弱，服贸中介机构服务能力有待提升。

服务贸易创新发展是一项系统工程，涉及领域广、中介机构服务范围大、管理部门多。调研中发现，与服贸业务相关中介机构的专业服务能力弱，中介对高新区企业的服务体系亟须完善。发达国家往往通过建立行业协会、组织联盟等方式，与政府机构形成较为完善的交流合作机制，形成从宏观到微观的全方位促进服务体系。目前，高新区已经成立了服务贸易发展联席会议和地方跨部门统筹协调的机制，但在市场上，与服务贸易业务相关的中介机构服务能力仍有待提升。

例如，随着服务外包新业态的兴起和在线教育技术的应用，陕西省内服务外包培训机构的数量逐年下降，培训业务不断缩减，进而导致培训人数减少。以西安为例，2022年的培训人数为7645人，仅占示范城市平均培训人数13600人的一半。此外，在激励企业参与展会、促进技术合作交流以及推动文化产业发展方面，与其他省会城市相比，西安的表现略显不足；2022年，西安参与国内外服务贸易展会的企业数量为45家，低于示范城市77家的平均水平。

再比如，知识产权服务贸易代理机构作为连接知识产权供需双方的中介，本可以通过规模经济降低知识产权服务贸易的交易成本。然而，大多数知识产权服务贸易代理机构无法提供国际诉讼代理、版权争议调解等专业服务，仅能提供基础服务，如版权法律咨询、版权使用费的代收转付和图书版权代理等，而能够协助软件和服务外包企业拓展海外市场的中介机构更是少之又少。

（三）问题3：国家级服务贸易平台的建设与引领

目前，高新区聚集了3个国家级服贸平台发展软件信息服务业和文化创意产业的西安软件园；重点发展数字出版、动漫游戏、创意设计、互联网服务等高附加值文化产业国家文化出口基地；打造具有西安特色的加工贸易产业体系的西安国家加工贸易产业园。

西安软件园具有国家软件产业基地、国家软件出口基地"双基地"称号，聚集了陕西90%以上的行业企业，是构建西安世界一流软件领先地位的基础和载体，也是高新区最成熟的国家级技术出口平台。软件与服务外包产业是西安高新区创建世界一流科技园区优先发展的主导产业之一。自2001年起，西安软件园产业年增长率超过30%，每年新增企业数量超过100家，每年新增就业人数在10000~20000人，已在软件开发、应用、信息服务等领域培育出具有明显特色、充满动力和成长潜力的企业群体。西安软件园正努力将自己打造成为"国内领先、国际一流"的全球性软件和服务外包中心。2001年，西安软件园示范区正式投用，经过20多年的发展，已从最初0.3平方千米的西安软件园发展到如今的24.4平方千米的丝路软件城，聚集软件企业超过4300家，从业人员超过35万人。西安软件园在建设国际一流软件和服务外包基地过程中，运行态势良好，营商环境不断改善，创新能力持续增强，载体平台建设成效显著，创业生态持续向优，创业投资结构继续优化，示范基地引领作用继续增强，双创舆论氛围更加浓厚，为推动软件和服务外包高质量发展提供了强大支撑。

在陕西新获批5个国家级特色服务出口基地中，西安高新区于2018年被列入首批国家文化出口基地，重点发展数字出版、动漫游戏、创意设计、互联网服务等高附加值文化产业，聚集了4000多家文化企业。2021年，西安高新区在首批国家文化出口基地绩效评价中综合排名第二位。

与此同时，承担"国家文化出口基地"的区域文化产品出口优势尚未有效发挥，尽管有文化产业和文化产品的生产销售，但"走出去"出口到海外的金额尚有很大提升空间：这是统计方面的原因，存在无形文化服务出口统计难的问题；但也反映出文化企业竞争力不强和品牌影响力问题。荣信教育文化产业发展股份有限公司和西安点告网络科技有限公司作为头部企业入选商务部2023~2024年国家文化出口重点企业，但商务部确定的2023~2024年国家文化出口重点项目中，西安无一入选。因此，培养具有国际竞争力的外向型文化企业，加快推进对外文化贸易高质量发展，任重道远。

产业园区是产业发展和城市建设的重要载体和依托，更是引领经济高质量发展的主阵地、主战场。2021年9月，西安被认定为首批国家加工贸易产业园，西安国家级加工贸易产业园目前正在规划建设中，总规划面积37平方千米，采取"一园三区"模式建设，其中高新区片区10平方千米，高新区片区重点发展光电子信息、智能制造、新材料、精密机械等产业，目标是打造全国和全球重要加工贸易承载区和示范区，成为全市加工贸易的核心承载地。到2024年底，实现高新区、经开区、国际港务区三个片区范围内加工贸易进出口总额年均增长15%，带动全市加工贸易进出口总额突破3300亿元，高新区全域加工贸易进出口额突破3100亿元，新增加工贸易企业20家以上。未来需要进一步制定产业园区"走出去"发展计划，制定相关服务促进政策鼓励企业参与"一带一路"重大基础设施、重点产业项目建设，加大"自主品牌、自主知识产权"产品和服务出口。

（四）问题4：国家试点任务的推进情况

2023年是国家全面深化服务贸易创新发展试点收官之年。截至目前，西安承接商务部确定的88项试点任务中，已有87项落地见效，占试点任务的98.9%。3月，西安2个创新成果被国务院服务贸易发展部际联席会议办公室评为全面深化服务贸易创新发展试点"最佳实践案例"。全市试点以来，累计获评最佳实践案例数达8个。

按照《关于全面深化服务贸易创新发展试点"最佳实践案例"的函》，西安5个案例（西咸新区2个）被评为全面深化服务贸易创新发展试点"最佳实践案例"，是入选案例最多的城市。国务院服务贸易发展部际联席会议办公室共评选了16个"最佳实践案例"。西安的《中医药服务"走出去"新模式》《金融助推贸易转型升级新模式》《技术海外输出新模式》3个案例和西咸新区的《航权开放助力打造国际航空枢纽》《搭建国际化多元化法律综合服务体系》2个案例成功入选。

全国诸多城市都同时展开了服务贸易创新试点工作，国家试点任务有序推进，试点任务顺利完成，从高新区的服务贸易创新发展面临的国际、国内市场竞争程度来看，部分贸易便利化改革仍有待进一步优化和完善。在城市开放度、贸易便利化和服务贸易的行业准入方面，现有的监管模式存在难以适应服务贸易发展需求动态变化的问题，这是国内各高新区服贸发展的普遍问题。通过前期调研数据可以看出，高新区 60% 的企业表示公司在服务贸易发展中所面临的主要外部制度障碍来源于市场竞争压力，40% 的服务贸易企业在全国存在 100 家以上的同业务竞争对手企业，说明当前高新区服务贸易创新发展面临着不容小觑的横向竞争压力。与此同时，西安整体上在城市开放度、贸易便利化、资源集聚度和服务贸易规模等方面与北京、上海、广州等城市有一定差距。

有序开放的体制机制改革可以借鉴海南的负面清单管理制度，海南自由贸易港实行以"既准入又准营"为基本特征的服务贸易自由化便利化政策制度，是自主决定的国内管理规定，有助于以风险防控为底线，加大开放压力测试的力度，发挥先行先试的示范作用。按照海南自由贸易港政策制度体系，涉及贸易、投资、跨境资金流动、人员进出、运输往来共五大自由便利和数据安全有序流动，负面清单进一步体现五大自由便利以及数据安全有序流动的要求。

(五) 问题 5：统计监测体系的构建与完善

服务贸易统计监测难是包括主要发达国家都难以攻克的一个普遍难题，许多服务贸易的概念在监管部门也没有彻底明确。目前，全国各试点地区都在积极探索服务贸易统计监测体系。西安高新区服贸企业通常在商务部推广的统一业务平台申报服务贸易数据，采取企业自愿申报的方式，采用服务外包企业在线申报和商务主管部门在线审核的方式进行统计管理。高新区企业在商务部业务系统统一平台的企业端"服务外包信息管理应用"① 中注册填写企业基本信息，根据企业签订合同和执行业务的实际日期，逐月均衡地录入离岸和在岸业务合同签订情况、合同执行情况，于每月 15 日前完成上月数据填报。同时为鼓励服贸企业在平台积极申报，高新区在服务贸易部分设立了新增纳统企业奖励，对新增纳入商务部服务贸易（服务外包）业务统计系统且申报业务量（执行额）超过 10 万美元后实施阶梯奖励。

从调查问卷反馈情况看，企业申报的积极性仍然有待进一步提升，且数据的准确性、全面性、及时性需要进一步规范，数据归集机制的有待健全，数据信息不全、不及时导致大数据分析时数据库不够全面。原因在于：一方面，统计监测服务贸易概念的模糊导致在统计口径和方法上都存在一些差异；另一方面，有一

---

① 资料来源：http://ecomp.mofcom.gov.cn.

部分服务贸易的概念有着交叉，企业的业务数据存在重叠。同时，从服贸企业来看，采取自愿申报的方式，服务外包业务系统报送数据的积极性容易受到外界影响。2019 年以来，一方面中美贸易继续影响企业离岸服务外包业务，另一方面新冠疫情后全球经济复苏慢成为新的不利影响因素，部分企业软件和服务外包业绩下滑，导致企业在服务外包业务系统报送数据的积极性降低，影响到活跃服务外包企业占注册登记企业比重，2020 年仅为 0.12%，低于全国 0.3% 的平均水平。这是包括高新区在内的各区县都需要改善的方面。

（六）问题 6：数字贸易发展处在起步阶段

数字贸易的核心问题在于"是否提供无形增值服务"，而不在于有形数字产品的出口，数字贸易搭载的是技术密集型的服务产品、服务密集型的商业活动以及柔性化后的创新制造能力，这三部分的增长不仅意味着服务贸易规模的扩大，更意味着制造业和商品出口的转型升级，简单地讲是由卖产品向卖增值服务转型，这反映出前文中提到的问题 2，即服务贸易嵌入产业发展的情况，产业贸易融合的问题。

中国数字贸易中数字化生产者服务贸易比重持续上升，从 2005 年的 21.9% 提升至 2020 年的 54.6%，已超过整个服务贸易的 50%，将对中国制造业转型升级产生重要影响。加快服务贸易发展，能够促进中国对外贸易整体增长方式的高质量演进。根据商务部预测，到 2025 年，中国可数字化的服务贸易进出口总额将超过 4000 亿美元，占服务贸易总额的比重达到 50% 左右。产业与数字融合加速，制造服务化、服务数字化、外包化进程加快，新业态新模式不断涌现。数字产业化催生新业态、新模式，丰富了跨境服务贸易内涵与外延。产业数字化提高了服务贸易的质量和效率，促进了服务贸易与货物融合发展，提升了货物贸易的"嵌入式"服务。

与国内高新区横向比较看，数字贸易发展过程中存在一些共性问题，即数字贸易尚处于起步发展阶段，诸多方面仍存在不足：一是数字贸易企业规模小，数字内容、社会媒介、搜索引擎等领域发展不平衡，产品质量和服务水平有待进一步提高。二是法律政策和监管手段不完善。涉及数字产品和服务的生产、交付、存储、使用、定价、监管、税收及交易合同签订、商业秘密、个人隐私权保护、版权保护、打击犯罪、内容审查等方面的相关基础立法尚不完善，相关标准规范发展滞后，跨境数据流动监测的手段不足。三是数字贸易统计体系不完善。目前还没有建立相应统计制度，更缺乏分类统计，导致对我国数字贸易发展的情况难以精准把握、科学施策。四是在参与数字贸易国际规则标准制定方面的话语权较弱。尤其在数据跨境自由流动、市场准入、隐私保护、消费者权益维护、知识产权保护、争端解决机制等方面，与高标准国际经贸规则对接存在差距。

作为数字经济的重要组成部分，随着新一代信息技术广泛应用于国际贸易领域，数字贸易通过数字技术和数字服务带来颠覆性创新，催生了大量贸易新业态、新模式，为我国经济增长注入了新的动力。但发展数字贸易需要市场主体、优化政策支持等系统性的支撑；另外，数字贸易通过数据流动强化了各产业间知识和技术要素共享，促使各产业紧密融合，但数据作为一种资产的流动，需要完善的数据知识产权保护，高新区需要进一步在数据知识产权保护方面先行先试。

二、高新区服务贸易发展的破解思路

对标国家商务部服务贸易高质量发展要求和西安服务贸易创新发展试点城市的建设目标，本书基于前期对高新区 309 家服务贸易重点企业调研和访谈内容，结合高新区服务贸易承担外向型经济的主战场、主阵地基本功能定位，总结并归纳提出高新区服务贸易发展的几个关键问题，这些关键问题解决和化解是高新区推进服务贸易高质量发展主要着力点所在。

（一）推进高新区服务贸易持续"走强"：不断优化服贸业态结构

软件与服务外包产业是西安高新区最具特色，也是体量最大服务贸易行业，是西安高新区创建世界一流科技园区优先发展的主导产业之一。2022 年，高新区软件和服务外包合同执行金额 20.48 亿美元，高新区内企业服务贸易合同执行额占全省 22.74 亿美元的 90.1%，软件和服务外包占全西安市服务贸易出口的 53.4%，加上 2022 年高新区文化服务贸易出口 2.8 亿美元，高新区服务贸易出口占西安市服务贸易出口总额超过 60%。

软件与服务外包在出口占比上具有绝对优势，反映出服贸领域内其他产业发展步伐远远落后于软件外包；除软件外包外的其他服务贸易领域涵盖不全，金融保险、知识产权、文化娱乐、其他商业服务等数字化交付的知识密集型服务贸易领域涉及较少；为软件与服务外包进行相关服务的中介机构发展依然数量偏少、业务偏弱。软件与服务外包"一股独大"占据服务贸易主导地位，既是产业优势，也表明软件外包对其他产业带动性不明显或未有效发挥出来，出现产业关联度不高的情况。

这要求高新区通过进一步优化服贸业态结构提升竞争优势，不仅要持续做大做强软件与服务外包业务，在对外文化出口、数字化文化产品等领域扩展业务范围，高新区服务贸易应"走强"，即提升整体服务贸易的竞争力和竞争优势，不仅要做强已有优势的软件与服务外包主导产业和关联产业，还要开辟具有本地特色和优势的新业态领域和发展场景。着力培育有竞争力的市场主体，让服务外包重点领域涌现更多龙头企业，才能支持中国技术和中国标准"走出去"，助力构建稳定完善的国际产业链和供应链，进一步优化高新区服务贸易的业态结构。

（二）推进高新区服务贸易持续"走高"：培育服贸竞争主体和形成服贸发展有形载体支撑

2022 年，高新区服务外包企业数量为 109 家（按执行额）。其中，中软国际和力成半导体两家企业承接服务外包执行额分别为 9.3 亿美元和 1.6 亿美元，两家企业占西安市服务外包执行总额比例达 67%，其他 107 家当年申报业务的企业只占 34%。中小企业占较大比例，企业规模小，对服务外包产业发展的贡献能力有限，直接影响到高新区服务外包产业规模数量扩张。因此，培育高质量的服贸竞争主体成为高新区服务贸易再创新高的重要影响因素。

进一步扶持高新区服务外包产业规模做大做强，升级现有加工贸易产业结构，推动产业链向高附加值迈进，需要加快形成服贸发展有形载体支撑，高新区重点发展光电子信息、智能制造、新材料、精密机械等产业，通过规划好、建设好一批特色服务出口基地，继续推进高新区服务贸易发展的有形聚集区建设，形成服务贸易发展的有形战略支点，这将为加快培育参与国际经济合作和竞争新优势、支撑西安国家中心城市建设做出更大贡献。如建设国家级加工贸易产业园，切实引领加工贸易和对外贸易高质量发展。截至目前，高新区、经开区、国际港务区三个片区范围内加工贸易进出口总额年均增长 15%，带动全市加工贸易进出口总额突破 3300 亿元，其中，高新区加工贸易进出口额突破 3100 亿元，新增加工贸易企业 20 家以上。有形的加工贸易园区建设是推进高新区服务贸易持续"走高"的有效抓手。综上所述，培育服务贸易竞争主体和形成服贸发展有形载体二者共同支撑高新区服务贸易持续"走高"发展。

（三）推进高新区服务贸易持续"走深"：构建"自上而下"服贸数据采集共享平台和数据知识产权保护的新模式

现有各类规章制度中并未对服务贸易数据归集做出相关规定，数据归集机制的不健全，造成数据信息不全、不及时，大数据分析时数据库不够全面。若各区县各自开展数据的归集与填报工作，因服务贸易的无形性和跨区域性，加之各区县统计工作机制各异，涉及外汇的动态数据、实时数据仍然无法及时掌握。建议陕西省商务厅与人民银行陕西省分行、西安市外汇管理局"自上而下"协调建立数据采集共享平台，及时采集非货物贸易的情况，动态掌握每一笔服务贸易发生情况，按照直报原则，直接反馈到各区县统计，确保"应统尽统"，各区县实现服务贸易统计直报工作。建议定期反馈服务贸易数据。目前，服务贸易数据来源有外汇管理局、商务部重点企业监测、商务部综合测算3种途径，以商务部综合测算的数据最为全面准确。建议商务部反馈各区服务贸易综合测算数据，便于各地做好服务贸易发展分析研判工作。

数据是重要的生产要素，在数字贸易发展过程中，涉及诸如跨境数据流动、数据本地化、市场准入、隐私保护、消费者权益维护、知识产权保护、法律责任、内容检查等方面的一系列新问题。要求高新区组建专家顾问组和委员会，依托高端智库随时提供决策参考，明确数据权利的归属，赋予不同主体以对应的权利。数据作为一种资产，率先开展数据交易和流通，进一步明确数据知识产权审核要点，提高数据要素配置效率。我们应借鉴上海持续深化跨境数据流动试点工作经验，探索在金融服务、工业互联网、医疗等领域制定低风险跨境流动数据目录和数据知识产权保护办法，形成低风险领域数据跨境流动操作规范和实施方案，推动数据跨境安全有序流动和价值增值。

一方面，基于服贸数据采集共享平台，随时动态掌握服贸动态和服贸发展优势，有针对性地提供政策指导；另一方面，构建数据知识产权保护的新模式，开展数据交易和流通，推动数据跨境安全有序流动和价值增值，这是高新区服贸发展到特定阶段，对接国际服务贸易规则，主动参与国际服务贸易谈判的必然要求。没有数据知识产权保护规则，很难融入国际服务贸易发展的主流；没有服贸数据采集共享平台，很难真实掌握高新区服贸"家底"。因此，尽快构建数据采集和数据流动的相关要求、规则、规范，是推进服务贸易"走深"的重要保障。

（四）推进高新区服务贸易持续"走远"：制造业的服务化是形成服务贸易可持续自我累积发展能力来源

服务贸易要可持续发展并"走远"，服务贸易发展的底层支撑必不可少，底层支撑来自产业或制造业的服务化转型。服务贸易是对产业发展的嵌入能力，提升嵌入能力进而实现贸产深度融合。

没有贸产深度融合就无法有效实现服务贸易的长远发展。制造业依托数字经济实现服务化转型后，"出口产品+提供服务"成为企业盈利的主要特征，"出口产品+提供服务"二者中，提供服务的比例应持续扩大，在数字化转型背景下，工业企业由传统的"卖产品"转向当前的"卖服务"，且卖服务带来的价值增值远远高于产品本身，实现"制造业企业的服务化转型"不仅提升了企业的盈利能力，而且大大地提升了工业企业出口增值服务的规模和能力。例如，高新区三星等企业强化全产业链的塑造与培育，实现电子信息终端成品、部件、模组的生产、设计、研发一体化，探索贸易与制造业融合新模式，在增值服务出口方面取得快速增长。比如，陕鼓集团推出全生命周期智能设计制造及云服务系统平台，向用户提供设备健康管理、故障远程智能诊断、设备预警等13种服务，形成了"陕鼓出口模式"。

可见，制造企业的服务化转型为服务贸易提供了新的动力来源，是服务贸易可持续发展并"走远"的基础。

从全球视角看，信息技术的进步和国际分工的细化促使国际贸易中以服务为主导的新趋势日益增多，产业与贸易的融合程度不断加深。在过去20年中，服务贸易的增长速度超过了货物贸易。2020年，服务业在全球GDP中的增加值占比达到了65.08%，在全球总出口中，服务业增加值的占比（46%）已经超越了制造业（43%）。在美国，大约55%的出口增加值源自服务业。国际贸易的交易主体正从以中间商品贸易为主导转变为以数字贸易为主导。2020年，数字贸易在全球贸易中的占比达到68%，高新区推进服务贸易"走远"的关键问题：形成服务贸易可持续自我累积发展能力来自制造业的服务化转型，这是服务贸易可持续发展的持久动力。

（五）推进高新区服务贸易持续"走稳"：政策加大扶持力度，有效拓展服贸企业的"朋友圈"

市场需求的波动对服务贸易企业稳定发展影响巨大。高新区内企业服务贸易合同执行额占全省（22.74亿美元）的90.1%，出口占西安服务贸易出口总额超过60%。高新区服务贸易要持续稳定发展，取决于软件和服务外包、文化服务贸易出口的市场规模。尽管两大块内服务贸易企业出口增长较快，但服务贸易面临外需收缩的风险加大，部分企业出现经营压力，除龙头企业外，一些服务贸易企业面临订单不足、成本上升等挑战，经营预期不稳，市场需求波动，特别是中小企业抗风险能力相对较弱。为此，高新区管委会需要进一步提升平台服务功能，加大扶持力度，拓展服贸企业"朋友圈"范围，落实西安深化服务贸易创新发展试点各项政策举措，推进特色服务出口基地提质增效，引领带动服务贸易新业态、新模式有效扩展，加大传统服务贸易领域数字化改造力度，支持智慧物流、线上办展、远程医疗等领域发展，提高服务可贸易性，推动保税研发、检测、艺术品展示交易等新兴服务贸易发展，有效拓展服贸企业的海外市场。

从理论上看，出口服务技术含量低，受市场需求的波动影响大，原因在于技术含量低，竞争对手多，市场竞争激烈。而高技术出口很难被模仿，基本不会受市场需求的波动影响。从高新区服务贸易出口的构成看，逆差规模持续扩大。造成服务贸易逆差规模扩大的原因来源于"境外旅行"和"境外知识产权使用费"这两项。2022年，陕西知识产权使用费服务贸易收入76亿元，支出302亿元，逆差226亿元，境外知识产权使用费逆差较高，是服务贸易逆差的主体。知识产权使用费在一定程度上反映了企业乃至产业的市场竞争能力，高新区企业是产业结构和技术水平的标杆，依然需要大力培育高价值专利，破解专利多而不优、运用价值体现不足的问题。只有掌握更多更好的知识产权，打造越来越多的知识产权强企，才能做大做强，改变目前全国普遍存在的知识产权使用费逆差现状。因此，高新区管委会一方面要完善知识产权保护，特别是数据知识产权保护的法律法规，另一方面要在平台建设方面持续发力，拓展现有服贸企业的知识产权使用费出口能力和规模。高新区需要进一步把握全球供应链与价值链调整机遇，通过有效搭建全球技术服务平台、开展技术验证和转化、构建技术"出海"服务体系等方式，探索出技术境外输出新模式，进一步激发技术贸易的发展动能，助推陕西成熟的产业化技术"走出去"，拓展服贸企业技术出口的"朋友圈"。

第七章　陕西服务贸易发展的优势、问题与优化路径

整体来看，陕西服务贸易发展成绩突出，但放眼全国，诸多产业处于产业链、价值链的中低端，外贸竞争优势还不够突出，特别是外贸领域不平衡、不充分的结构性矛盾等问题在短期内还无法有效解决，这也是普遍存在的共性问题，很大程度上制约了陕西服务贸易高质量发展，与陕西"十四五"服务业高质量发展规划以及陕西第十四次党代会提出的要求相比、与国家赋予的重担责任相比还存在很大差距，对标国家商务部及服务贸易创新试点的要求，亟须陕西相关政策和产业促进上创新发展。

第一节　自身禀赋及发展优势

一、服务贸易发展基础雄厚

近年来，陕西致力于推动更高层次的对外开放，利用国内庞大的市场规模吸引服务贸易资源，通过宏观政策的调整促进外贸的稳步增长。陕西的进出口总额显著增加，2024 年第一季度，陕西的出口额达到 748.8 亿元，同比增长 14.7%，增速比全国平均水平高出 9.8 个百分点（全国增速为 4.9%）；进口额为 378.4 亿元，微增 0.9%。出口和进口的双向增长显示了陕西外向型经济的积极复苏，为

全球企业提供了巨大的合作市场。

在出口方面，陕西的机电产品出口额为 627.5 亿元，同比增长 11.6%，占全省出口总额的 83.8%。集成电路的进出口增长对全省外贸增长起到了推动作用。在全球半导体市场景气度提升的背景下，2024 年第一季度，陕西集成电路的出口额为 275.9 亿元，进口额为 207.5 亿元，实现了 4.7% 和 44.2% 的增长，分别占全省出口总额和进口总额的 36.8% 和 54.8%，成为推动全省外贸增长的关键因素。此外，汽车出口额达到 84.5 亿元，增长了 1.6 倍，显示出强劲的增长势头。陕西的特色农产品，如延安苹果、富平柿饼、安康蚕种等成功打入国际市场，2024 年第一季度，陕西农产品出口额达到 15 亿元，同比增长 41.4%。

在这些企业中，超过一半的企业处于行业产业链上游服务环节，37.75% 处于产品中游服务，16.67% 处于产品下游服务。95.83% 的企业服务项目利润占当年净利润的 50% 以上，发展势头良好。陕西的数字基础设施达到了国内领先水平，其互联网、无线宽带和移动终端的用户规模在全国排名靠前，已经基本构建了完整的高速通信网络；凭借其庞大的市场规模，有效地促进新技术和新商业模式的大规模应用；智能制造、智能服务和智慧农业等领域将为产业互联网的发展提供多样化的应用场景，并产生大量的数据流量，这些都为数字贸易的进一步发展打下了坚实基础。

二、服务贸易发展政策环境完善

2020 年，西安和西咸新区被选为全面深化服务贸易创新发展的试点地区，这标志着陕西服务贸易达到了新的发展水平。陕西的贸易伙伴对本省的发展起到了推动作用。近年来，陕西积极落实新时代西部大开发战略的升级版，并响应"一带一路"倡议，与主要的贸易伙伴建立了友好且互利的合作关系。

在服务贸易行业全面推行"双随机、一公开"监管，完善配套制度和工作机制，提高常态化部门联合抽查质量效益，建立风险分级分类管理模式，推进随机抽查与信用风险分级分类监管相融合，以监管方式创新提升事中事后监管效能。通过互联网、大数据等技术手段，采集并分析服务贸易企业相关信息，对其进行信用分类监管和风险分级管理，为企业经营活动顺利开展提供良好环境。同时，监管部门依托该平台，创新部门联合检查模式，极大地减少了对企业经营活动的干扰，基层执法线上运行的模式为企业提供了极大方便。实现了风险监管智慧化、联合执法精简化、基层执法网络信息化。

三、知识密集型服务贸易是陕西服务贸易业发展的重要支撑

知识密集型服务附加值高、成长性好，是当前全球服务贸易的一个重要发展趋势。近年来，陕西在知识密集型服务贸易方面表现突出。2023 年，陕西的知识密集型服务贸易进出口额达到 20 亿美元，同比增长 9.5%，增速超过全国平均水平 6 个百分点。在知识密集型服务的 6 个主要领域中，电信、计算机和信息服务以及商业服务是增长的主要驱动力。表明陕西人才优势得以凸显，并逐渐转化为创新优势、技术优势，促进了陕西服务贸易结构的持续优化。

四、雄厚的教育资源是陕西服务贸易发展提供充足的人力资本优势

陕西是教育大省，全省有 57 所高校。2023 年，全省共有高等学校 111 所，其中，普通高等学校 97 所、成人高校 14 所。研究生招生 6.95 万人，在学研究生 21.34 万人；普通本专科招生 39.3 万人，在校生 131.62 万人；成人本专科招生 15.62 万人，在校生 29.97 万人。陕西 2024 届普通高校毕业生估计达 43.94 万人，同比增加 1.08 万人，因此，丰富的教育资源为陕西服务贸易发展提供了充足的人力资本。

第二节 国家规划及地方经验

一、国家规划

依据国家商务部发布的《"十四五"服务贸易发展规划》，在"十四五"期间，服务贸易发展的主要目标包括：

贸易规模的持续增长，服务贸易量稳步提升，其在我国对外贸易中的占比进一步提高，服务出口增长速度超过全球平均水平，服务贸易在推动贸易高质量发

展中的作用更加显著。

贸易结构的优化，新业态和新模式快速发展，国际服务外包的增长速度超过服务出口增速，知识密集型服务贸易年增长率目标约为 8%，服务进出口更趋平衡，国内市场布局更加合理，国际市场布局进一步扩大。

竞争实力的增强，服务出口的竞争力显著提升，向价值链高端持续迈进，拥有自主知识产权和品牌的市场主体数量不断增加，参与制定服务贸易国际规则的能力逐步提高。

制度环境的改善，服务贸易的法律法规、政策体系、促进机制和监管模式更加成熟，市场化、法治化、国际化的营商环境不断优化，自由化和便利化水平不断提升，制度型开放取得重要进展。

展望 2035 年，服务贸易的高质量发展模式将全面形成。服务贸易的内在动力更加强大，发展环境更加完善，管理制度更加完备，服务贸易在构建新发展格局和推进社会主义现代化国家建设中的作用更加突出。服务贸易的国际竞争力将位居世界前列，中国在全球价值链中的地位将显著提高，形成参与国际经济合作与竞争的新优势。

二、国家与地方经验

服务贸易作为当下最具活力的贸易板块，其在全球贸易中所占的份额不断增加，正逐渐成为推动全球经济增长的关键力量。我国将服务贸易视为融入全球经济一体化、参与国际竞争与合作的关键手段，并予以高度重视。近年来，通过制度创新扩大服务业对外开放、总结扩大开放试点经验，先后启动实施三轮服务贸易创新发展试点，探索建设国家服务贸易创新发展示范区。

（一）全国经验

在全国范围内，众多城市正同步实施服务贸易创新的试点项目。根据国家试点任务的稳步推进和完成情况，国家对服务贸易高质量发展的要求可以概括为：第一，增加服务贸易的总量；第二，改进服务贸易的结构，包括提升服务贸易行业的结构，开拓新的服务贸易领域，以及逐步提高资本和技术密集型服务以及高附加值特色服务在服务贸易中的比重；第三，规划和建设服务贸易的功能区域，利用现有的开发区域和自由贸易试验区来规划和建设特色服务出口基地；第四，创新服务贸易的发展模式，积极探索在信息化背景下的服务贸易新路径；第五，培养服务贸易的市场主体，发展一批有明显主营业务和强大竞争力的大型跨国服务企业，并培育一些具有国际影响力的服务品牌；第六，进一步开放服务业，尝试采用负面清单管理模式，提升外资利用的质量和水平；第七，积极促进服务业的对外投资，支持服务业企业通过设立新公司、并购、合作等方式在海外进行投资合作，加快在海外建立营销网络，扩大海外商业布局，支持知识产权的国际注册，加强知识产权的国际布局，并加大国际维权力度，保护企业的合法权益。

（二）上海经验

上海促进数据跨境流动，探索建立数据跨境流动管理体系。为推动数据跨境安全有序流动，上海在相关主管部门指导下，在上海自贸试验区临港新片区率先推动数据跨境流动管理体系建设。在制度建设方面，探索先行先试数据跨境流动制度。按照"1+1+N"的推进思路，研究制定数据跨境流动相关规章制度和操作办法，依照《网络安全法》《数据安全法》，探索数据分类分级管理和"一行业一清单"的正面清单模式，率先在智能（网联）汽车和车联网领域进行试点，并逐步探索形成 N 个领域的正面清单，确保数据跨境流动可管可控。

（三）北京经验

近年来，北京打造一站式国际影视服务体系，提出《全面深化服务贸易创新发展试点总体方案》，大力发展影视制作等新兴服务贸易。融入国际影视产业分工合作体系，持续做好顶层设计，传播中国文化、讲好中国故事，助推中国电影"走出去"。积极争取国家有关主管部门支持，争取更多国外影视项目来华拍摄制作。目前，我国与韩国、印度、法国等 20 余个国家签署了政府间电影合拍协议。作为国内首个国际影视服务机构，服务中心积极探索与国际影视产业深度耦合的方式，在传播中华文化、塑造国家形象等方面发挥了积极作用。形成影视行业对外开放示范窗口，服务中心可以在跨公司、跨地域、跨国境合作中搭建快速通道，加快吸收国外先进电影创作摄制的理念、技术。同时，外方也可通过合拍方式享受国产片待遇，加速融入中国市场。2022 年，服务中心已为 721 家影视企业和 43 家影视剧组提供了优质服务。另外，服务中心的设立，进一步汇集了国内合拍影视资源，将经济利益目标与文化价值诉求渗透到影视剧制作和营销的全过程，进而在北京形成多制作主体、多元文化共同参与的影视作品创作良好氛围，在国际影视市场体系中融入更多中国元素，讲好中国故事。

（四）广州经验

广州积极打造跨境科技资源共享平台方案，《全面深化服务贸易创新发展试点总体方案》提出，推动具备条件的试点地区大型科学设施和科技资源共用共享：第一，成立粤港澳超算联盟。汇集粤港澳超算应用机构，在广州超算的支持下，打造"粤港澳超算资源共享圈"，共建"粤港澳超算联盟"，成员包括中山大学、华南理工大学、暨南大学、广东工业大学、香港大学、香港科技大学、香港中文大学、香港理工大学、澳门大学等多所湾区一流高校以及重要企业。第二，建设八大超算分中心。广州超算根据粤港澳大湾区城市的功能定位和战略发展需求，建设南沙分中心、深圳前海分中心、东莞分中心、珠海分中心等八大超算分中心，推动粤港澳大湾区9+2城市群整体创新能力提升。第三，开设广州超算与南沙分中心（对接香港）、珠海分中心（对接澳门）等关键节点高速网络专线，实现广州超算中心计算资源快速开放共享，为粤港澳大湾区科技创新提供超算动力。

（五）贵阳经验

贵阳加强了数据中心的建设，积极推动数字贸易的发展，并探索了数字贸易的管理和促进机制。贵阳和贵安新区致力于构建数字丝绸之路上的国际数据港，建立全国性的计算能力保障中心，以促进服务贸易的高质量增长。明确了数字贸易的发展策略，与"中国数谷"的建设紧密结合，专注于大数据的产业化应用和整合，加速贵阳大数据科技创新城的建设，全力推进全国性一体化计算网络的贵州枢纽节点建设。利用大数据支持服务贸易的数字化进程，以服务的交易、交付和创新为核心，全面构建"国际数字服务贸易港"，形成以"大数据+服务贸易"为特色的贵阳模式：第一，打造合作平台。成立贵州首个超算中心，围绕"产、学、研、用"方面，与贵州大学联合建立超级计算算力算法应用实验室，为科研需求提供算力支撑，培养算法专业人才，孵化算力技术企业参与国际市场竞争。第二，强化数据中心建设。按照数据中心集约化、规模化、绿色化要求，规划建设17个超大型数据中心，实现承载服务器超过400万台。强化算力供给。按照"数据中心飞地"及数据加工处理的"前店后厂"模式，满足京津冀、长三角、粤港澳大湾区等地算力需求，深化东部地区合作，实现"抱团出海"。第三，推进大数据+工程。推动华为、腾讯、浪潮等企业在贵阳开展离岸业务，形成高水平数字服务产业链供应链。大力发展智慧旅游，支持马蜂窝等企业创新发展，推广"一码游贵州"智慧旅游平台。大力实施"软件再出发"行动，紧盯云服务、信创、数据要素流通三大产业，以贵阳大数据科创城为核心，对接腾讯、美团等头部企业，推动深化合作。

第三节　服务贸易存在的问题分析

一、服务贸易对开放型经济的支撑和贡献

服务贸易作为国际贸易的关键组成部分和全球经济合作的关键领域，在塑造新的发展模式中扮演着至关重要的角色。近年来，中国致力于建立一个更加开放的经济体系，服务贸易逐渐成为推动外贸增长的新驱动力和加深国际开放的新鲜活力。

（一）发展服务贸易是提升全球价值链地位的必然选择

在当前全球价值链的分工体系里，服务贸易扮演着连接各个分工环节的桥梁角色，并且是各环节创造经济价值的关键源泉，它已成为影响一个国家在全球价值链中所处位置的关键要素。通过改进服务贸易的结构，积极探索新的服务领域，提高研发、设计等高附加值服务在服务贸易中的占比，可以有效地增强我国在国际分工和竞争中的竞争力，提升我国在全球服务价值链中的地位，助力我国由贸易大国向贸易强国转变。

（二）发展服务贸易是畅通国内大循环的有效途径

推动服务贸易的增长能够显著改善国内高端服务产品的供应短缺，更有效地迎合民众对消费升级的追求，提高我国消费市场的成熟度，并优化内需市场的结构。此外，服务贸易发展过程中的规制和规则改革将解决国民待遇、市场准入、竞争政策等方面的问题，促进人才、技术、数据和资本等关键要素在国内的自由流动，构建国内服务市场的大规模体系，进一步促进我国服务业的转型和升级。

（三）发展服务贸易是推动经济高质量发展的内在要求

在推进服务贸易的进程中，可以促进制造业与服务业之间的专业分工与合作，形成一种制造业推动服务贸易、服务贸易促进商品贸易的互动模式，实现制造业与现代服务业的有机结合。积极拓展数字贸易，有助于中西部地区、中小微企业以及多样化产品在贸易领域获得更多发展机会，推动我国贸易的区域分布、市场主体和产品结构的优化和升级，打造新的贸易竞争优势。

近年来，陕西将扩大开放作为推动地方发展的核心策略，大力发展开放型经济，并取得了显著成效：2023 年，陕西中欧班列的开行列数超过 5300 列，增长了 15.3%，出口货值增长了 26.1%，自贸试验区的 4 项改革创新成果在全国范围内得到推广，新增有实际业绩的外贸企业达到 368 家，陕汽重卡和新能源汽车的出口分别增长了 101.4% 和 1154%。同年，全省的进出口贸易总额达到 4042.06 亿元，外贸市场主体数量接近 5000 家，实际使用的外资增长了 3.7%，这一增长率比全国平均水平高出 11.7 个百分点。

然而，也要看到陕西对外开放的不足，对陕西而言，开放不足是制约发展的突出短板。对标沿海发达地区，陕西开放不足短板依然十分突出，具体表现在：

（1）发展不充分、不平衡。2022 年，陕西外贸进出口总量居全国第 19 位，仅占全国的 1.15%，不到四川的一半。利用外资总量居全国第 19 位，仅占全国的 0.8%，只有四川的 41.4%。西安进出口、利用外资分别占全省的 92.5% 和 80%，除西安外其他地级市全年利用外资均远不足 1 亿美元，陕南、陕北开放明显滞后。

（2）重点产业开放度低。占陕西工业总产值 51% 的能源工业、原材料工业出口贡献仅有 5.7%。制造业重点产业链链主企业中，近四成与境外不发生经济往来。前四位出口产品集成电路、数据处理器、太阳能电池、电工器材合计占比达到 71.2%，汽车及其零配件、轻工纺织品出口分别仅占 3.7% 和 2.8%。

（3）外向型主体偏弱。有的地方招商热情很高，但产业链精准招商的思维和专业水平不足，招商项目含金量不高。外向型经营主体数量不多，规模不大，市场竞争力不强。

（4）开放平台作用发挥不够。产业聚集效应和政策红利没有充分发挥，自贸试验区经营主体偏少，制度创新的载体和应用场景不够，优化流程方面的"微创新"多，围绕重点产业链具有影响力的集成创新成果少。入区企业数量有限，附加值较低。

二、服务贸易嵌入产业发展情况

服务贸易作为全球贸易和经济增长的新引擎，正将世界各地紧密相连。服务业，包括商业服务、通信服务、建筑及相关工程服务、金融服务等，已经占据了全球经济总量的 65%，成为全球经济的主导产业。观察全球贸易的当前趋势可以发现，高端和技术密集型产品的服务附加值越来越高。在国际贸易中，产品的市场竞争力在很大程度上依赖于服务质量和效率。

在陕西，超过 90% 的软件和信息服务企业集中在西安高新区，该区域是省内知识密集型服务业发展的核心区。目前，该区已经汇集了 IBM、SAP、美林数据等 200 多家大数据领域的企业；物联网行业则有艾润物联网、中星测控、航天自动化等 40 多家企业；云计算领域则吸引了华为云、腾讯云、百度云、阿里云、中服软件等领先企业；人工智能产业有阿里巴巴、科大讯飞、大疆等 100 多家相关企业在此集聚。

目前，陕西服务贸易结构方面的问题突出表现在：

（1）主导产业对外贸发展支撑不够。外贸发展基础薄弱，持续快速发展的后劲不足。能源化工产业约占陕西工业总量的 48.5%，其他主要产业依次为原材料工业、消费品工业、装备制造和电子信息业，但产业外向度完全倒挂。据统计，2019 年陕西电子信息产品进出口总量占到全省外贸总量的 53.62%，装备制造占 28.37%，消费品工业占 4.67%，原材料工业占 4.06%，能源化工仅占 1.58%。主导产业的外向度明显偏低，产业优势未能充分发挥，对外贸持续发展的支撑力弱。

（2）区域发展不平衡，西安"一家独大"的局面加剧。2019 年，西安外贸较 2010 年增长 3.6 倍，在全省总量占比提高 6.3 个百分点至 92.24%。其他 10 个地市中，仅延安（主要依赖延长集团的原油进口）、铜川、安康三市外贸跑赢全省增速，分别增长 14 倍、12 倍和 7 倍，在全省外贸总量中的占比分别提高 0.5 个、0.07 个、0.11 个百分点，其余 7 个地市在全省外贸总量的占比均出现不同程度下降。另外，对外资龙头企业依赖过大的问题更加突出。2019 年，美光、三星两家龙头企业进出口额占全省的 48.2%。集中度过高，一旦出现特殊情况，可能会导致陕西进出口出现断崖式下跌。

三、国家级服贸平台的建设与引领

（1）文化基地建设。截至目前，陕西已经获得了 5 个国家级特色服务出口基地的认定，这为全省服务贸易的扩大提供了坚实的支持。在这些基地中，有两个是国家文化出口基地。2018 年，西安高新区被选为首批国家文化出口基地之一，专注于发展数字出版、动漫游戏、创意设计、互联网服务等高附加值的文化产业，并已经吸引了超过 4000 家文化企业。2021 年首批国家文化出口基地绩效评价中，西安高新区的综合排名位居第二。西安曲江新区被认定为国家文化出口基地，主要发展影视制作、演艺演出、文创设计、电竞体育服务等文化产业，拥有 207 家规模以上的文化企业。西安曲江文化产业投资（集团）有限公司更是连续 10 年被评选为"全国文化企业 30 强"。

（2）医疗基地建设。西安中医脑病医院自 2019 年被认定为国家中医药服务出口基地以来，已经建立了哈萨克斯坦西安国际脑瘫康复中心，并正在积极筹备俄罗斯中医脑病诊疗康复中心的项目，同时与俄罗斯和哈萨克斯坦的多家医疗机构展开了紧密的合作。该基地利用"互联网+中医药"模式，打造了一个国际智慧医院平台，为俄罗斯和哈萨克斯坦的患者提供远程医疗服务。2021 年，该基地关于"探索中医药服务贸易发展新路径"的实践案例被选为全国服务贸易领域的"最佳实践案例"。

（3）出口基地建设。两个专业性特色服务出口基地，包括国家地理信息服务出口基地和国家人力资源服务出口基地，2022 年 3 月经由商务部等七个国家部委的认定。国家地理信息服务出口基地设立在陕西航天经济技术开发区，以中煤航测遥感集团有限公司等 30 多家企业为骨干，专注于卫星定位导航、遥感监测、地理测绘等数字服务领域的发展。而国家人力资源服务出口基地则位于西安人力资源服务产业园，以秦创原人才中心为核心，致力于通过人力资源服务的创新来推动产业链和创新链的融合，以此提高对外开放的水平。

四、国家试点任务的推进情况

2023 年是国家全面推进服务贸易创新试点工作的总结之年。截至目前，西安已经实施了商务部指定的 88 项试点任务中的 87 项，有效实施率达到了98.9%。2023 年 3 月，西安的 2 项创新成就被国务院服务贸易发展部际联席会议办公室认定为深化服务贸易创新试点的"最佳实践案例"。自全市开展试点工作以来，共有 8 项成果被评为最佳实践案例。

按照《关于全面深化服务贸易创新发展试点"最佳实践案例"的函》，西安5 个案例（西咸新区 2 个）被评为全面深化服务贸易创新发展试点"最佳实践案例"，是入选案例最多的城市。国务院服务贸易发展部际联席会议办公室共评选了 16 个"最佳实践案例"。

五、数字贸易发展处在起步阶段

中国数字贸易中数字化生产者服务贸易比重持续上升，从 2005 年的 21.9%提升至 2020 年的 54.6%，已超过整个服务贸易的 50%，将对中国制造业转型升级产生重要影响。加快服务贸易发展，能够促进中国对外贸易整体增长方式的高质量演进。产业与数字融合加速，制造服务化、服务数字化、外包化进程加快，新业态、新模式不断涌现。数字产业化催生新业态、新模式，丰富了跨境服务贸易内涵与外延。产业数字化提高了服务贸易的质量和效率，促进服务贸易与货物融合发展，提升了货物贸易的"嵌入式"服务。

在数字贸易的增长过程中，普遍面临着一些共同的挑战。数字贸易仍处于早期发展阶段，许多方面需要进一步的改进和加强：第一，数字贸易企业的规模普遍较小，数字内容、社交媒体、搜索引擎等关键领域的成长不均衡，产品质量和服务水平需要进一步提升。第二，法律政策和监管措施尚不健全。在数字产品和服务的生产、交付、存储、使用、定价、监管、税收以及交易合同的签订、商业秘密、个人隐私保护、版权保护、打击犯罪活动、内容审查等方面，相关的基础性立法还不够完善，标准规范的建设相对滞后，对跨境数据流动的监测手段不足。第三，数字贸易的统计体系尚未建立。目前缺乏相应的统计制度，缺少分类统计，使对我国数字贸易发展状况的准确掌握和科学决策变得困难。第四，在数字贸易国际规则和标准制定方面的参与度和影响力有限。特别是在数据跨境流动自由化、市场准入、隐私保护、消费者权益、知识产权保护、争端解决机制等方面，与国际高标准经贸规则的对接存在明显差距。

第四节　陕西服务贸易高质量发展目标定位

　　陕西服务贸易发展定位：建设世界一流的软件研发和服务外包基地；以硬科技创新为引领，依托制造业优势，实现服务型制造赋能高质量发展。提升开放程度，拓宽合作领域，培养一批服务贸易的核心企业、知名品牌和产业集群，以促进陕西服务贸易的高品质增长。以促进陕西服务贸易高质量发展为目标，按照《全面深化服务贸易创新发展试点总体方案》要求，拟定陕西全面深化服务贸易创新发展目标：推进试点工作，深入推进国家服务贸易创新发展试点，扩大对外开放，复制推广创新经验。

　　（1）建设特色服务出口基地。提速建设进程，陕西已在文化、中医药、地理信息和人力资源等关键领域获得5个国家级特色服务出口基地的认定。未来计划建立更多的此类基地，以推动服务贸易的创新和成长。目标是发展成为吸引国际知名企业、创新动力强劲、产业集群成熟、会聚高端人才，并能带动区域经济蓬勃发展的特色产业基地。产业迅速壮大，龙头企业和瞪羚企业不断涌现，特色优势行业集群加速显现，进入产业发展成熟的新阶段。

　　（2）培育市场主体。认定省级服务贸易示范园区和示范企业，培育中小型企业，促进产业聚集，鼓励企业创建优势产业国际合作联盟。重点发展以下领域，以通信、能源、教育、电力为重点的行业应用软件；以无线通信、卫星导航、智能仪器仪表为重点的嵌入式应用软件及系统；以商务服务外包、呼叫中心和数据资讯服务为重点的信息服务外包业务，有力地促进服务外包转型升级，提高KPO、IPO业务占比，加快发展外包新模式，推动服务型制造业融合发展，提高服务贸易的质量和附加值，培育起一批知识密集型贸易重点企业，在各服贸领域内形成具有国际竞争力的服务贸易龙头企业。

（3）支持服务贸易产业园区建设。建设公共服务平台，加快产业集聚。特定区域划定服务贸易创新示范区，推动服务业创新和转型发展。通过试点和示范，培育出具有较高国际竞争力的服务企业和服务业集群，为全国服务贸易发展提供经验和示范效应。

（4）建设国家文化出口基地。挖掘陕西历史文化资源禀赋，深化文化与科技加快融合，依托"软件新城"，做强"数字出版基地和对外文化贸易基地"两个国家级平台，打造有特色鲜明、优势突出、面向"一带一路"的国家文化出口基地，拓展陕西文化品牌优势的影响力。

第五节　重点发展：服务外包与数字贸易产业创新升级

一、服务外包发展

鼓励服务外包企业转型升级，培育龙头企业，认定省级服务外包示范城市（地区）。贯彻落实《陕西省"十四五"软件业发展规划》，加快发展计算机、软件及信息服务，做好软件产业运行监测，通过征集首版次软件产品项目，鼓励企业自主研发国产软件。推动服务外包企业积极参与高新技术企业和技术先进型服务企业认定，发掘和扶持研发、设计、检测、维修、租赁等生产性服务外包企业，鼓励生物医药研发，支持企业5G、物联网等新型技术发展。利用中省资金鼓励企业承接离岸和在岸服务外包业务、服务外包研发技改等，支持省级服务外包人才培训基地和实习实训基地开展培训业务。

二、数字贸易发展

加速推进软件、社交网络平台、搜索引擎、通信技术、云计算、卫星定位等领域的信息和技术服务业，助力数字媒体、数字娱乐、数字教育、数字出版等数字内容服务的壮大。鼓励企业采用数字技术进行研发、设计、生产，向数字服务生产商转型，并就关键共性技术、颠覆性技术及前沿科技等领域与外商企业深化合作。推动影视文化、动漫游戏、会展业、博物馆等数字化服务及创新，加快推进体育赛事、对外演艺等数字化、高清化传播。用好国家数字出版基地和国家文化出口基地优质资源，推动建设数字文化贸易集聚区。支持西安高新区丝路软件新城申报国家数字服务出口基地，积极打造数字贸易示范区。

三、技术贸易发展

依据《陕西省鼓励进口技术和产品目录》等，鼓励引进先进技术，支持成熟的产业化技术出口，拓展国际技术合作网络。根据《陕西省技术先进型服务企业认定管理办法（试行）》，加大企业培育和认定力度，鼓励技术先进型服务企业以及行业龙头企业在商务部"服务贸易统计监测管理信息系统"填报服务贸易数据。做好自由类技术进出口登记备案管理权限下放工作，并做好相关业务培训。

第六节　特色发展：文化出口贸易打造新亮点

推动国家文化出口基地（西安高新区、西安曲江新区）发展，建设和完善文化出口公共服务平台，为基地企业提供综合服务。发掘和培育有较强国际竞争力的外向型文化贸易企业，培育规模以上文化企业，发展数字文化贸易，促进重点领域扩大文化出口。

一、挖掘传统文化资源，培育新型文化服务贸易业态

（1）重视本土传统文化，对传统文化资源进行深度挖掘。在传承的基础上进行创新，鼓励文化企业将陕西知名历史文化故事进行现代转化。形成以视觉艺术、文化资本、民俗艺术表现形式、表演艺术为拓展的整合经营模式，加强文化特色品牌建设，以固有的历史与地理优势，发展现代文化产业链。

（2）文化服务贸易需要紧跟时代潮流，朝着数字化、网络化、智能化的方向发展，加快文化与科技深度融合，从而培育出文化新业态。重点推动文化与科技、旅游、互联网等融合，鼓励数字出版、网络视听、动漫游戏、文博创意等产业发展。促进重点领域扩大文化出口。加快"西安国家级文化与科技融合示范基地""西安国家数字出版基地""一带一路"文化旅游大数据平台等建设。

（3）进一步丰富并支持做强本地自有品牌。例如，"书香之城"建设作为陕西文化产业的重要板块，极大地提升了区域文化软实力。

二、依托国家文化出口基地，打造龙头企业

数字出版及现代传媒产业主要依托"国家数字出版基地"，大力发展现代数字出版业，包括手机出版、电子图书、传统出版数字化、数字动漫与网络游戏、网络教育、数据库出版六大业务板块。目前，灵境科技、易点天下、盛世网络、陕西人民教育出版社、西安荣信文化等一批区内知名企业纷纷发展壮大，推动了陕西数字出版产业快速发展。2021年，荣信文化、亿利达网络、华炎科技3家企业被认定为国家重点出口文化企业；2023年，荣信教育文化产业发展公司和西安点告网络科技有限公司作为头部企业入选商务部2023～2024年国家文化出口重点企业。此外，坚持融合发展现代设计及创意服务业，推动创意和设计服务业对接制造业和消费领域，陕西支持基于新技术、新工艺、新设备、新材料的应用设计和文化内涵开发。组织实施面向"一带一路"推动"装备、交通工程、城建规划和电子产品"设计业国际化发展。

三、形成"一带一路""文化+"融合发展格局

在"一带一路"建设背景下，陕西应抢抓全面深化文化服务贸易创新发展带来的机遇，从完善政策体系、创新发展模式、培养龙头企业、强化人才支撑等方面综合发力，以实现文化服务贸易又好又快发展。

（1）建立健全政策体系，进一步搭建优质公共服务平台。实施精准扶持政策，改善营商环境。在重点企业支持、财税、金融、人才建设、项目审批、外汇管理等方面对陕西整个文化企业给予多维、精准的政策支持，以促进文化产业的国际竞争力提升与健康可持续发展。推行文化主管部门权力清单和责任清单制度，精简文化行政审批事项和程序。另外，政府应牵头组织整合企业、科研院所

与高校等多元主体的服务资源，立足于文化企业的现实发展需求，积极搭建信息交流、创新研发、管理咨询、创业孵化、数据支撑、知识产权、投融资等服务平台，为文化服务贸易出口提供多元、高效、便捷的公共服务，从而拓宽文化服务企业出口渠道与机会。

（2）加大人才培育与引进力度，增强智力支撑。首先，在政府部门引导下，建立科研院所、高校、企业联合培养人才的机制。陕西高校应加快培养文化服务贸易相关人才，增设文化服务贸易相关课程，提升法律和语言等配套课程服务水平。文化企业应加强对员工进行文化服务贸易管理和营销方面的培训，降低人才引进成本。其次，制定共建"一带一路"国家文化服务贸易人才引进优惠政策。最后，陕西自贸试验区应该积极地与共建"一带一路"国家进行人才互培，只有充分了解海外的文化需求与文化消费市场情况，才能更好地服务于文化服务贸易。

第七节　创新发展：制造业企业的服务化增值

陕西以先行先试优势，设立有效供给共性技术和公共服务的产业集群及产业园区，搭建"服务+"新市场开发应用场景公共平台等举措，通过制度创新，为服务型制造发展创造技术性、组织性等更完善的基础设施。统筹协调西安有序推进试点任务进度，确保试点地区各项改革举措尽快落地见效。支持试点地区积极探索创新发展路径，明确重点发展领域，及时梳理总结创新案例和试点经验，面向全省复制推广，提升服务贸易便利化水平。在西安高新区，陕鼓、西电、法士特、比亚迪等制造业龙头企业众多，是开拓技术服务、数字服务、设计服务等高附加值业务的"富地"。

首先，加强陕西智能制造服务水平建设，形成"设计研发+制造+服务"的商业发展模式，搭建产业服务平台，在智能化改造提升本省企业的同时，为全国制造业企业智能改造提供服务；鼓励制造业龙头企业做优做强核心主业的同时，推动制造业与服务业深度融合；传统制造企业通过服务型制造转型，实现了从传统制造环节向上延伸到研发设计、向下拓展到品牌服务。

其次，以突破性科技创新为驱动力，促进先进制造业与现代服务业的深度融合，是高科技企业提升其在价值链中位置、扩展产业链的关键途径。陕西专注于在产业链的关键环节依托领军企业进行战略布局，一方面，加快传统产业的服务化转型和升级，增加研发创新的投入，从单纯的产品开发扩展到提供全面的解决方案，推动企业向价值链的高端迈进；另一方面，互联网、软件信息服务、人工智能等高科技服务业也在不断扩展其产业链，打造集研发、设计、生产于一体的链条，实现软硬件产品的协同创新，从而提升企业的核心竞争力。这标志着从推动科技产业化到更加重视创新的源头，从参与经济主战场到更积极地支持国家发展和安全，从建设科技园区到打造科技新城的重大转型。

第八节　陕西服务贸易创新发展的破解思路

基于对自身禀赋及发展优势的把握，结合国内试点区域服务贸易创新发展的案例，主要在文化资源挖掘、加工贸易、软件和技术外包三个业态领域内突出重点，提出陕西推动服务贸易高质量发展，服务业高水平开放的发展思路如下：

一、瞄准服务贸易创新试点方向，实施创新驱动

横向比较发现，作为试点区域要以创新为引领，以创新为驱动，要勇敢地闯、大胆地试。

（1）重点加强服务贸易制度创新突破。我国服务业在国际竞争中面临挑战。服务业的开放不应仅仅局限于从负面清单中移除限制，而应与放宽管制相结合，以形成开放和改革相互促进的新局面。因此，需要研究和改进服务贸易的支持政策，减少行政审批事项，增强对服务企业的金融支持，促进数据、人才和技术等关键要素的顺畅流动和有效配置，从而全面提升营商环境的质量。

（2）促进服务贸易技术创新。应专注于高价值链、前端产业链和完善的供应链，以新技术产业趋势和高端需求为导向，致力于在集成电路、5G等新一代

信息技术领域实现逐步的突破。需要制定相应的支持政策，激励服务行业的技术引进与创新，助力西安的企业积极拓展高端服务的国际市场。

（3）与信息技术进步相关的数字经济。随着数字经济的发展，许多传统服务变得更加易于跨境交易，同时催生了众多与数字贸易相关的新活动，这些新活动构成了跨境贸易的新领域。这为陕西在提升服务贸易的国际竞争力方面提供了重要的机遇。

二、突出地区特色，明确产业发展重点

服务贸易重新试点任务涉及 28 个地区，各地区凸显出必须聚焦优势领域和特色产业。软件外包和商业流程外包是陕西最具特色，也是体量最大服务贸易行业：

（1）重视培育服务贸易市场主体，巩固软件和服务外包优势。在服务贸易行业中，规模较大的领军企业通常拥有更显著的品牌影响力和更强的市场拓展能力，从而更容易获得业务订单。目前，陕西在培养服务贸易行业的领军企业方面仍需付出更多努力。在全球最大的 100 家非金融类服务企业中，中国仅有 4 家公司上榜。为了提升未来服务业的国际竞争力，重点培育服务贸易行业的领军企业是关键的一步。

（2）加快服务外包转型升级。推动服务外包与先进制造业融合发展，持续推进西安国家服务外包示范城市建设，重点发展以数字为支撑、以中高端服务为先导的众包、分包、云外包等"服务+"新业态新模式，支持服务外包示范园区搭建公共服务平台、促进产业聚集，大力培育龙头企业，支持企业技术改造、获取国际认证、租用国际通信和网络数据专线、开展自主品牌建设，支持高端人才境外培训，鼓励校企联合建设服务外包人才实习实训基地。

（3）推进文化产品的出口和品牌建设。文化也是承载中华特色的服务领域，西安高新区在这些领域具有一定的优势和良好基础。国家先后在高新区、曲江新区、浐灞生态区批准设立了文化服务出口基地。应积极引导和扶持这些特色服务做大做强，更大规模地走上国际舞台。在文化出口方面，需要大力促进文化创意、数字出版、动漫游戏等新兴文化服务出口，加快塑造陕西特色文化出口优势。

三、抓好统计监测

服务贸易统计在各地都是一个难题，许多新兴的服务贸易活动在统计数据中并未得到充分体现。在资本市场尚未全面开放的背景下，当前的关键任务是提高服务贸易统计的准确性，以准确把握陕西服务贸易的发展现状。需要主导并协调相关部门共同研究并开发一套符合陕西实际情况的服务贸易统计方法，确保对陕西服务贸易的发展基础和趋势有清晰的认识。在此基础上，应在"十五五"规划中进行顶层设计，以促进服务贸易的快速增长。

首先，集中力量完善陕西省商务厅的业务统一平台统计数据报告工作，要求各部门鼓励各自分管的服务贸易企业积极参与商务厅统一业务平台的数据申报，确保陕西服务贸易的发展成就得到全面和精确的体现。完善统计体系需从制度、指标和方法三个层面进行创新，构建包括基层企业报表、行业统计表和综合统计表在内的一整套统计表格，以全面记录企业、行业和全省服务贸易的发展状况。同时，要明确各部门的责任和任务，从行业监管到综合管理，进行全面整合，多角度、多维度、系统化地展现陕西服务贸易的实际状况，以此实现统计体系的制度创新。

其次，通过具体化陕西服务贸易试点的重点领域发展指标，按细分行业来展现，从而反映这些领域的发展状况，以此达成指标创新的目标。

最后，通过多元化手段收集统计数据，针对关键指标数据难以轻易获取的难题，通过购买如中国移动、银联等国有大型企业的数据资源，成为一条高效、信赖的数据收集新路径。这些国有企业凭借其在各行业内的广泛布局和深厚底蕴，积累了丰富的市场与交易数据，既翔实又准确，为后续的深入研究与分析奠定了坚实的基石。此外，为了更透彻地把握服务贸易的复杂面貌与多元特性，对统计方法进行革新显得尤为重要，通过科学计算基础数据等方法，探索包括跨境交付、境外消费、商业存在和自然人移动在内的服务贸易多种模式的全面统计，以实现统计方法的创新。这将有助于我们更全面地洞察服务贸易的深层结构与发展趋势。

第八章　陕西推进服务贸易创新发展的体制机制改革

基于第五章陕西服务贸易发展的现状调研及摸底和第六章陕西服务贸易发展竞争力和开放度评价，本章旨在探讨陕西服务贸易管理体制机制的改革与创新方向，以促进服务贸易的快速发展。当前，陕西在服务贸易领域面临多项挑战，包括发展思路、政策优化、统计体系、多头管理等，以及在国际规则与法律运用方面的不足。为了有效应对这些挑战，必须对现有的服务贸易管理体制机制进行深刻的改革。改革的核心在于创新，这不仅涉及对传统发展模式的调整，也包括对服务贸易相关政策的优化，以及对统计体系的完善。此外，需要解决多头管理的问题，以实现更加高效和统一的管理，提高对国际规则与法律的运用水平，增强在国际服务贸易中的竞争力。综上所述，陕西服务贸易管理体制机制的改革创新，是推动服务贸易创新发展的关键步骤，通过这些措施，可以为高新区服务贸易的持续增长和国际竞争力的提升奠定坚实的基础。

第一节　创新服务贸易便利化、自由化、法治化制度

一、完善负面清单管理制度

为了推动陕西服务贸易的高质量发展，引入负面清单管理制度显得尤为关

键，这一制度作为国际贸易区投资发展的新趋势，不仅能够显著提升市场的透明度，还能促进更深层次的经济一体化与拟合化。通过实施负面清单管理，陕西服务贸易将能享受到更加开放的市场环境，从而吸引更多的投资，激发市场活力，为当地经济发展注入新的动力。该制度的引入，无疑将为陕西服务贸易的开放和发展开辟新的机遇，助力其在全球化竞争中占据有利地位。

为扫清法律层面的障碍，使负面清单制度在自贸试验区得以顺利实施，自2013 年起，国务院先后 4 次在自贸试验区内暂时调整有关行政法规、国务院文件规定的行政审批和准入特别管理措施。

在全面探索扩大对外开放的背景下，服务贸易试点区的路径范围与权限被明确，旨在通过制度型与要素型开放的结合，以及开放与监管的协调，提升开放水平。试点区在外资设立、融资便利、并购、财政补贴和扶持、项目审批和规则豁免等方面，遵循"准入前国民待遇+极简负面清单+准入后国民待遇"的外商投资管理制度。同时，为了确保经济开放与经济安全之间的平衡，对于可能影响国家安全、公共利益、国民经济命脉以及本地生态环境的投资项目，将采取禁止或限制措施，以降低投资自由化可能带来的负面影响。

自 2013 年上海发布全国首份外商投资负面清单以来，已经历了四版的修订，每一次都体现了我国服务贸易试点进一步深化改革和扩大开放的决心。这些负面清单的改进不仅体现在适用范围的逐步扩大，如从最初的上海自贸试验区到全国11 个自贸试验区，还包括特别管理措施的不断减少，从最初的 190 条减少到2017 年版的 95 条。此外，负面清单的内容变化、行业分类的细致化、无具体限制条件的管理措施的缩减，以及条目的删除，都显示了我国在对外开放政策上的逐步优化和深化。通过这些措施，旨在为外商投资创造一个更加开放、透明、公平的市场环境，同时确保国家的经济安全和社会稳定。

二、对物流与监管制度进行创新

首先，为了提升国际贸易的效率和便利性，陕西正致力于对标国际标准，加强国际贸易单一窗口的建设。这一措施旨在通过整合和优化通关流程，营造一个更加高效和便捷的国际通关环境。同时，通过改善物流和基础设施的联通性，可以进一步促进国际贸易的顺畅进行，降低企业的运营成本，提高整体的竞争力。

通过这些措施，可以为国际贸易参与者提供一个更加开放和友好的商业环境，从而推动经济的全球化发展。针对西安当地的文化与经济特色，发挥服务业和服务贸易开放合作方面先行先试的优势，构建"综合审批、集约高效、部门协同、一口受理、限时运作"的自贸区管理新格局，不断提高服贸试点效率。

其次，为了满足服务贸易便利化的需求，陕西正在创新其服务贸易监管模式。陕西可以利用其在全国区域经济布局上特殊的承东启西、东联西进的区位优势，加快设立陕西区域级的金融、商贸中心和交通、信息枢纽的特殊合作园区，赋予其类似于北京与上海在中部与华南地区的职能，成为西北部经济中的国际文化与经济中心。通过实行分线、分类的管理策略，陕西旨在优化贸易流程，提高效率，特别是在陕西实施"境内关外"的通行规则，这一措施大幅度提高了贸易通关速度，促进了与内陆和境外市场的自由便利的要素流动。这样的监管模式创新不仅有助于提升陕西在国际交流中的竞争力，也为服务贸易的发展提供了更加灵活和高效的环境。

最后，为了进一步推动经济发展和提升市场活力，陕西正致力于深化监管制度的改革。这一改革的核心是鼓励创新，通过全面推行极简、极快且不累赘的审批制度，以提高行政效率和透明度。同时，陕西正努力构建一个更加开放、透明且可预期的市场准入管理模式，旨在为企业提供更加便利的营商环境。这些措施的实施有助于吸引更多的投资，促进企业的成长与发展，从而为陕西的经济增长注入新的动力。

三、打破行政性垄断优化行业管理

为了促进陕西服务业和服务贸易的繁荣发展，必须采取一系列结构性改革措施。需要重新平衡利益分配，减少政府对市场的直接干预，通过创新驱动打破现有的利益壁垒。这包括打破行政垄断，降低服务业和贸易的准入门槛，同时激发民间资本对这些领域的投资热情。

在企业层面，鼓励国有大型企业从"大而全"的模式转向专业化发展，细化社会分工，推动制造业与服务业的有效分离。此外，简化行政审批流程，探索新的监管模式，提高服务贸易的便利化水平，是推动行业发展的关键。政策制定应根据行业和地区特点灵活调整，避免"一刀切"的做法，并定期对政策效果进行评估和调整。

在统计和法规方面，完善中国国际服务贸易统计体系，加强法治化和规范化管理，建立高效的统计主体和专业化管理体系，与国际标准接轨。同时，加强服务贸易人才队伍建设，通过培训和国际考察，提升管理人员的专业能力和业务水平。

构建与国际规则相接轨的服务贸易法律体系，借鉴发达国家的经验，结合国内实际情况，制定符合我国贸易发展特点的法律法规，确保服务贸易创新活动有法可依、有序进行。同时，加快完善社会信用体系和知识产权保护体系，为服务贸易的健康发展提供坚实的法律保障。

第二节　创新探索扩大对外开放新格局

陕西应该坚持要素型开放与制度型开放相结合、开放与监管相协调、准入前与准入后相衔接，从制度层面和重点领域持续发力，继续扩大服务业对外开放，大幅削减影响服务贸易发展的壁垒。在全球经济一体化的背景下，提升服务业的开放水平成为促进国际合作与竞争的关键策略。通过进一步开放市场，尤其是在医疗、文化、教育、电信、金融和研发设计等知识密集型服务领域，可以有效吸收国际上的先进要素，从而提高服务贸易的价值链地位，并减少与贸易伙伴之间的摩擦。为了实现这一目标，需要采取一系列措施，包括放宽市场准入限制、简化自然人流动程序，以及推动与发达国家在关键领域的标准和职业资质互认。此外，扩大旅游、留学、医疗、商务、科技和文化交流等领域的互免签证范围，将进一步提升开放水平，促进人员的自由流动和文化的交流，为服务业的国际化发展铺平道路。这些措施将共同推动服务业的高质量发展，增强与全球经济体的联系，促进共同繁荣。

一、有序拓展开放领域

为了推动陕西服务业的健康发展，必须对服务市场竞争机制进行规范，并逐步推进市场的开放。在这一过程中，应认识到适度的竞争对于服务贸易的良性发展至关重要，而过度的保护或垄断经营则可能成为束缚服务业发展的枷锁。因此，改革服务行业管理体制，消除体制性障碍，是提升服务业竞争力的关键步骤。这包括放松对金融、保险、电信和教育行业的经济性管制，同时加强社会性管制，以确保市场的有序竞争。

此外，应逐步减少国有经济在服务业的垄断和限制经营，为多种所有制企业进入服务业创造条件。通过引入竞争机制，不仅可以提高服务质量，还能激发各行业的发展潜力。在对外开放服务市场的同时，也应注意对内开放，确保外国企业和国内民营企业都能获得国民待遇，从而在公平的环境中共同促进服务业的繁荣和发展。

在推进服务业对外开放的过程中，应根据中国服务业的实际情况，采取循序渐进的策略，并在遵守国际经济规则的基础上，为本国服务业提供适当的支持和保护。通过这些措施，陕西能够构建一个更加开放、竞争、有序的服务业市场环境，为经济的持续增长提供强有力的支撑。

对标国际高标准，在充分竞争、有限竞争类重点服务领域和自然垄断类服务领域的竞争环节，分别以全面取消、大幅放宽、有序放开为原则，推动取消或放宽对服务贸易的限制措施。探索放宽特定服务领域自然人移动模式下的服务贸易限制措施，探索允许境外专业人才按照有关要求取得国内职业资格和特定开放领域的就业机会，按照对等原则推动职业资格互认。

二、探索制度开放路径

为了提升服务业的国际竞争力，西安市政府应积极采取措施吸引外资，通过提供税收减免、信贷支持等优惠政策，引导外资进入高新区服务部门，从而提高服务业的引资水平。在与国际同行的竞争与合作中，西安应迅速提升服务水平，同时积极推动对外直接投资，以"走出去"战略拓展服务贸易，应对日益隐蔽的服务贸易壁垒。

服务贸易的无形性和不可储存性要求我们转变服务提供模式，将国际消费者定位服务转换为国内生产者定位服务，这有助于服务提供者实现批量生产，降低成本和价格，从而获得规模效益。陕西应围绕新兴服务业开放进行压力测试，推动有序放宽或取消相关限制措施，并探索适应新形势的风险防范机制。

在国际合作方面，西安应以"一带一路"倡议为重点，深化与各重点国别、地区和国际组织的多双边合作，建立一个全方位、多层次的服务贸易开放合作体系。利用京交会、进博会、上交会等重要平台，举办论坛和推介活动，促进行业组织和企业间的务实合作。同时，加强与主要服务贸易伙伴的交流合作，推动形成新的服务贸易国际合作布局，并根据国家战略需要，在进口需求大的服务领域与具有独特合作优势的国家建立新的服务贸易合作机制。通过这些措施，西安能够在全球服务贸易中占据有利地位。

三、提升开放发展成效

（1）完善招商引资机制。加强组织领导，强化招商意识，成立全区招商引资领导协调机构，分工业、商贸服务、现代农业等行业组建招商引资工作班子和协调小组，明确责任，加强统筹，集聚合力，畅通信息，形成运转顺畅、协调有力、工作高效的工作机制。

（2）突出招商引资重点。突出抓好产业特别是工业、商贸服务业、现代农业发展重点，务求每个领域都有新突破、取得新成绩、引进一批大项目，形成新的支撑。

（3）搭建招商引资平台。加强与其他区域的服务贸易试点的沟通联系，努力形成全方位、宽领域、多层次的招商引资格局，加强区域联动，承接产业转移，既增强"造血"功能，又实现优势互补、合作双赢。

（4）提高招商引资能力。夯实基础工作，拓展工作思路，创新方式方法，透彻把握政策，增强法治意识，坚持"走出去""请进来"相结合，找到互利共赢的结合点，一抓到底，务求实效。

（5）改善招商引资环境。努力在全社会营造适合服务贸易企业发展的良好环境，千方百计为企业发展着想，对已经入驻的外资服务贸易企业要善待，继续做好服务，同时要创造良好的政务、法制、舆论环境，提高办事效率，加强要素保障，着力打造政策服务的"高地"、发展成本的"洼地"，掀起招商引资新热潮，推动全省服务贸易经济持续快速健康发展。

第三节　全面探索提升便利水平新规制

应该树立在发展中规范、在规范中发展的理念，坚持包容审慎原则，构建有利于服务贸易自由化便利化的营商环境，积极促进资金、技术、人员、货物等要素跨境流动。

一、推进技术流动便利化

为了促进技术流动和创新活动的便利化，陕西需采取一系列措施，将技术进出口登记备案的权限下放至各区商务主管部门，并通过推行"不见面"服务，实现技术进出口合同登记的无纸化，以提高行政效率和便捷性。

此外，高新区致力于打造离岸创新创业产业园，并为此完善一系列配套政策措施，包括人员出入境、通关、知识产权保护、税收和外汇管理等。同时，设立签证绿色通道，以吸引更多的国际人才和创新资源。

为了进一步促进跨境服务贸易的发展，陕西将探索扩大暂时进出境货物的品类范围，特别是支持汽车、游艇等运输工具以及科教文卫专业设备的暂时进出境。这将有助于旅游、演艺、教育、医疗和体育等领域的服务贸易发展。

在管理体制方面，高新区将研究和完善技术进出口的管理体制，确保技术流动的规范性和安全性。同时，加强知识产权的保护和运用，建立和完善支持创新的知识产权公共服务体系，为创新活动提供坚实的法律和制度保障。通过这些措施，陕西能够更好地融入全球创新网络，推动区域经济的高质量发展。

二、推进人员流动便利化

我国服务贸易整体现状是人才缺口大，因此在提升人员流动便利化之前，还应该提高服务贸易核心竞争力，对此，必须具备专门化人力资源，加大教育投入。造成我国服贸人才匮乏，高学历人才初入职场难以适应，限制了实际能力的提升。为解决上述问题，可从三个方面解释：首先，增加服务贸易就业岗位，提高人才待遇，吸引专业化人才从事服务贸易，减少人才流失，并加大优质人才引进计划。其次，企业建立完整的人才培训制度，多层次、全方位加强后续培训，为国际贸易储备大量人才。最后，建全人才培养体系，开展贸易类资格证明考试，提高准入门槛，充分调动人才积极性，同时培养具备国际贸易知识的高层次外向型人才。

为了推动人员流动便利化，陕西省自贸试验区采取了一系列具体措施。鼓励引进外籍领军人才和高端人才，对于经过推荐和认定的核心科研团队成员，提供在华永久居留的申请机会。此外，对于在自贸试验区内单位工作的外籍人才，若其兼职单位也位于同一自贸区内，经市外专局和市公安局出入境管理局备案后，允许其兼职创新创业。

陕西应该探索与数字经济和数字贸易发展相适应的灵活就业制度与政策，推进签证便利化，健全境外专业人才流动机制，畅通外籍高层次人才来华创新创业渠道。充分利用数字技术、数字平台和数字贸易，为相关人才交流提供快捷顺畅的技术性替代解决方案。

三、推动数字营商便利化

（一）建设国家贸易"单一"窗口

为了提升数字营商环境的便利性，关键在于开发和实施一系列创新的数字化工具和服务。这包括建立国际贸易"单一窗口"口岸效率分析系统，该系统能够为企业提供实时的通关效率分析，从而优化物流和贸易流程。同时，边检行政许可签发系统将简化行政程序，加快审批速度，进一步提高通关效率。

此外，国际贸易电子服务平台的建立将为企业提供一站式的电子服务，包括但不限于报关、报检、税务和外汇管理等，实现全程无纸化操作，降低了企业的运营成本，提升整体的贸易便利性。

为了实现更全面的服务，应将"单一窗口"的功能从单纯的口岸通关执法拓展到整个口岸物流和贸易服务的全链条，确保各个环节的无缝对接。同时，将"单一窗口"服务覆盖至海关特殊监管区域和跨境电子商务综合试验区，以支持这些区域的特殊需求和快速发展。

最终，通过国际贸易"单一窗口"实现通关与物流的一体化服务联动，不仅能够提高口岸的整体运营效率，还能够为企业提供更加便捷、高效的跨境贸易体验，推动数字营商环境的现代化和国际化。

（二）扫清贸易壁垒"障碍"

建设良好的营商环境。在推进服务贸易高质量发展过程中，政府要发挥自身作用，减少贸易壁垒，为贸易自由化扫清"障碍"：一是进一步扩大服务业对外开放，探索服务贸易负面清单管理制度；二是改善营商环境，确立外商投资法律基本框架，降低服务领域外商市场准入限制，进一步加强知识产权保护工作，以赢得国际社会广泛认可；三是加快服务贸易便利化步伐，使专业人员往来更加自由，与灵活的就业制度相适应，使国际贸易通关更加畅通，推广"单一窗口"功能向服务贸易拓展。不断深化服务贸易创新发展试点，主张通过平等协商解决贸易争端，反对贸易保护主义，坚决捍卫自身合法权益，服务贸易迈向更高水平，同时致力于完善全球服务贸易合作网络，让贸易合作前景更加广阔。

陕西应对标国际高标准、高水平，探索构建与西安数字经济创新发展现状相适应、与高新区现在数字经济国际地位相匹配的数字营商环境。

四、推进金融服务便利化

（一）为境外贸易企业提供便利的跨境资金结算服务

最大限度地发挥丝路国际保理平台作用，与优质国际保理、银行等机构建立深度合作伙伴关系，构建全流程、一体化跨境金融服务网络。持续开展资本项目数字化服务试点工作，优化资本项目收益在国内使用的审批程序，推动非接触式的电子单据审核方式，为企业提供便利。

（二）加强自贸试验区外汇服务品牌建设

鼓励自贸试验区内各外汇银行创新，为了优化自贸试验区的营商环境和用汇环境，关键在于打造一系列专业化和特色化的外汇服务，以此提升整体的服务品质和效率。其中，创新实施的"五免"政策将极大地减轻企业的财务负担，包括合作银行免收保证金、免抵质押、免占用企业银行授信额度，以及担保公司免收担保费和免反担保。

此外，通过利用跨境金融区块链服务平台，可以有效缓解自贸片区企业的融资难题，同时提高贸易融资的真实性审核效率，确保资金流动的安全性和合规性。为了进一步支持自贸试验区的企业，特别是那些信誉良好的企业，特推出"优企名单+信用互认"机制，使名单内的企业能够享受到更为便捷的电子化审单服务，以及"一张凭条秒收付"等快速金融服务。

这些措施的实施，不仅能够提升自贸试验区的外汇服务水平，还能够促进跨境贸易和投资的便利化，为企业提供一个更加稳定、透明、高效的金融服务环境。通过这些努力，自贸试验区能够吸引更多的外资和优质企业，推动区域经济的进一步发展和繁荣。

（三）健全绿色金融体系，加大绿色金融产品的创新和供给

支持自贸试验区发挥绿色金融货币政策工具的作用，鼓励金融机构通过增加优惠利率贷款、信用贷款和中长期贷款，从而支持绿色低碳发展。

第四节　全面优化服务贸易政策服务体系

陕西应适应服务贸易发展新形势、新任务，不断推进政策创新，推动建立系统性、机制化、全覆盖的政策体系。

一、完善服务贸易促进政策体系

为了全面提升服务贸易的竞争力，必须构建一个系统性、全覆盖、机制化的政策框架，这需要打破现有的部门分割和条块利益，实现政策的统筹协调。在此框架下，将在税收、财政支持、贸易便利化、金融服务、国际市场开拓以及统计监测六个关键领域实现突破。

具体而言，将推动服务出口增值税零税率制度的实施，并扩大其适用范围，同时根据不同行业的特点，实施免税或免抵退税政策。此外，将加大对服务外包、技术、文化、中医药等领域服务出口的财政扶持力度，并通过服务贸易创新发展引导基金，协助企业参与国际展会和海外媒体宣传。

在监管模式方面，完善与服务贸易相适应的口岸通关和海关监管模式，推动特定区域和产品的全过程保税，并建设服务贸易"电子口岸"。同时，拓宽服务

贸易企业的融资渠道，推广人民币计价和结算，以及鼓励保险公司开发针对服务贸易企业风险特点的保险产品，从而提高出口信用保险的覆盖面。

为了更好地支持企业开拓海外市场，将设立专项资金支持企业进行海外并购，并在购汇、法律、税务等方面提供协助。同时，将健全服务贸易统计体系，确保统计数据的科学性，并实施法律保障，实现服务贸易统计的全面直报，从而为政策制定和企业决策提供准确的数据支持。通过这些措施，将为服务贸易的发展提供坚实的政策支持和监管保障。

二、完善财政支持政策

财政应重点支持服务贸易发展的新业态、新模式。陕西应充分利用中央和地方两级财政的扶持作用，发挥其杠杆效应，引导和促进服务贸易的发展。这包括充分利用财政部和商务部提供的外经贸发展专项资金，以鼓励技术进出口、承接离岸服务外包业务，并提升公共服务能力。

同时，陕西应有效利用西安为支持服务贸易发展而设立的资金，将这些资金重点投入服务外包园区的聚集区建设、企业的引育、业务的拓展、品牌的建设、平台的搭建、统计监测、产业研究、人才培训、市场的开拓以及交流促进等关键项目中。通过这些措施，可以有效地推动服务贸易的全面发展，增强陕西在全球服务贸易中的竞争力。此外，应创新公共资金对服务贸易发展的支持方式。充分利用现有资金渠道，积极开拓海外服务市场，鼓励新兴服务出口。进一步发挥好服务贸易创新发展引导基金等的作用，带动社会资本支持服务贸易创新发展和贸易新业态培育。

三、拓展金融服务政策

为了强化金融服务体系并促进服务贸易的发展，鼓励金融机构在确保风险可控的基础上，创新和丰富其金融产品和服务。这包括积极推进供应链融资、海外并购融资、应收账款质押贷款、仓单质押贷款以及融资租赁等多元化金融业务，以满足服务贸易企业多样化的融资需求。政策性金融机构应进一步发挥其作用，在其业务范围内加大对服务贸易企业的支持力度，特别是在企业开拓国际市场和进行国际并购等方面。同时，政策性金融机构应支持服务贸易重点项目的建设，为其提供必要的金融服务。在金融政策拓展方面，应支持在融资租赁领域率先开展外汇配套政策的试点工作，以促进融资租赁业务的国际化发展。此外，应扩大出口信用保险的覆盖范围，与保险机构合作开发适合服务出口的信用保险产品和承保模式，为服务贸易的优势行业提供全面的保险支持和保单融资支持。通过这些措施，可以激励企业利用政策性保险工具，积极拓展国际市场，增强其在全球服务贸易中的竞争力。这不仅有助于服务贸易企业的稳健发展，也为整个服务贸易行业的繁荣做出贡献。

拓宽服务进出口企业融资渠道，鼓励金融机构创新适应服务贸易特点的金融服务。支持扩大知识产权融资，发展创业投资。优化出口信贷和出口信保政策。运用贸易金融、股权投资等多元化金融工具加大对服务贸易国际市场开拓的支持力度。

（一）促进金融监管服务法治化

发挥自贸试验区先行先试优势，针对自贸试验区制定创新高效的金融监管机制。在自贸试验区综合立法中专门设置金融监管章节，制定明确合理的金融机构准入机制和退出机制，强化金融监管力度，构建健全高效的自贸试验区金融监管体系，尝试制定自贸试验区金融监管条例。

（二）推进"审管执信"闭环管理体系建设

加强金融领域风险监管，强化市场主体注册登记、银行开户、税务登记等全流程监管。加强反洗钱、反恐怖融资和反逃税资金监管。加强涉企信息归集共享，健全企业信用修复机制。推广以远程监管、移动监管、预警防控为特征的新型监管模式。

第五节　全面探索完善监管模式

陕西应探索符合新时期服务贸易发展特点的监管体系，在服务贸易高质量发展中实现监管职权规范、监管系统优化、监管效能提升。

一、优化行业监管

确立分类监管理念，聚焦旅游、运输、金融、教育、数字贸易、技术贸易、服务外包、专业服务等重点领域，在试点地区之间推进错位探索、共性创新、优化监管。探索监管创新的容错机制，在推动监管创新的过程中，陕西应以合作监管和协调监管为基础，积极采用区块链和大数据技术，在风险可控环境下开发测试金融创新的监管工具。同时，探索开展金融监管沙盒模式的试点工作，以促进金融科技的健康发展。为了提高港口运营效率，陕西将提升港口统一收费管理服务平台的功能，改革和创新港口收费管理服务模式。目标是实现港口缴费和结算的"一站式服务、一次性办理、一体化管理"，从而为所有相关方提供更加便捷和高效的服务体验。

此外，为了支持自贸试验区内的科研机构和企业的研发活动，陕西将实行进口研发（测试）用未注册医疗器械的分级管理制度。这一制度将对Ⅰ类产品（重点产品）和Ⅱ类产品（一般产品）进行区分管理，为这些产品提供通关便利，以提高研发和测试的效率。这些措施有助于促进陕西的科技创新和产业升级，同时确保监管的有效性和安全性。

二、加强监管协作

为了营造一个公平、有序的市场环境，陕西将加强知识产权的保护力度，确保专利、商标和地理标志产品的合法权益得到有效维护。这包括依法受理相关保护申请，并在出现纠纷时提供调解和裁决服务。在行政审批方面，陕西将深化"证照分离"改革，积极推进"照后减证"，以简化企业运营的行政负担。通过实施以"事前承诺+事中监管+事后检查"为核心的综合监管模式，旨在最大限度地减少对诚信合法企业正常运营的不必要干预。此外，陕西将建立"一网通办"的政务服务系统，以提高政府服务的效率和透明度。同时，探索构建一个基于政府权责清单和政务信息共享的服务贸易监管框架，以促进服务贸易的健康发展。通过这些措施，陕西旨在打造一个更加开放、便利、高效的营商环境，确保监管的有效性和合法性，为各类市场主体提供公平竞争的舞台。

三、提升监管效能

充分发挥"围网+卡口+账册"综合管理优势，建立信息共享和风险分析机制，综合运用底账数据对碰、风险分析、后续监管、视频监控等技术手段进行有效监管。在确保有效监管和执行相关税收政策的前提下，支持"两头在外"的研发、设计、检测、维修等服务外包业务涉及的进口料件实施保税监管。推动建立以市场主体信用为基础的事中事后监管体系，运用"互联网+监管"，推动加强服务行业领域诚信管理。进一步推进与全国信用信息共享平台、国家企业信用信息公示系统、信用中国网站的衔接，依法依规进行失信惩戒。

第九章 陕西推进服务贸易创新发展的保障措施

第一节 深度融入共建"一带一路"大格局

作为"一带一路"建设的重要节点，陕西认真贯彻落实国家战略，发挥辐射带动作用，围绕深度融入共建"一带一路"大格局、新时代推进西部大开发形成新格局等国家重大战略，加强与共建"一带一路"国家（地区）多领域的国际合作与交流，构建联通全球的"21世纪数字丝绸之路"。

西安作为中西部的主要城市，在区域发展中，响应服务共建"一带一路"的国家战略政策，从而进一步实现服务贸易的高效率发展，不断推进技术、资本与知识密集型的服务贸易集聚化，以此促进高水平、高附加值服务贸易的发展。在这一过程中，西安特别强调规模化发展即以信息通信技术为基础的新兴服务业，并计划加大对金融、保险服务等关键领域的扶持力度。通过加强国际金融合作，西安旨在增强金融和信息咨询等新兴服务业的综合竞争力，提升服务业的整体技术层次。此外，西安自贸区将通过积极培育新型业态和功能，形成以品牌、技术、质量为核心的服务贸易新优势，从而在全球市场中占据更有利的竞争地位。这一系列措施将不断推动西安自贸区服务贸易结构的优化和升级，为西安乃至更广泛地区的经济发展注入新的活力和增长动力。

当前共建"一带一路"已经成为企业走向国际的重要支撑，对于西安的服务贸易出口市场而言，构建多元化市场，更有利于激发服务贸易的发展潜力和扩大服务业的发展空间。陕西应开展合理的统筹规划，促进国际交流与合作，学习沿线国家的先进技术，结合国情，坚持不断地探索创新，整合地区架构加强出口宏观调控，构建国际服务产业链，健全服务贸易开放体系。深化"一带一路"多边合作机制，引导企业开展地域合作，以服务贸易为重点，达成企业合作关系，形成合作交流新格局。

相关部门应把握沿线国家与我国资源技术互补优势，积极促进市场深度融合，优化企业全球资源配置效率及布局，进一步提升中国服务贸易进出口带来的新机遇，逐步实现区域内贸易自由化、国际国内双循环发展。

第二节 积极推动产业贸易结构优化升级

2021年，陕西持续加强相关政策支持引导，出台了《西安市工业互联网创新发展行动计划（2020—2022年）》等一系列政策，大力营造发展环境，推动工业互联网融合创新发展，工业互联网建设取得一定成效。全省涌现出一批工业互联网相关企业，基本形成了上中下游齐备的工业互联网全产业链。有25个工业互联网平台（项目）被工信部评选为试点示范项目，"西安工业云平台"有效降低了中小企业信息化成本，并取得实质性进展。在物联网产业发展方面，以建设西安国家级物联网产业基地为目标，持续完善物联网产业创新体系，先后组建陕建（西安）物联网创新发展中心、西安物联网工程技术研究中心等创新平台。重点行业的物联网典型示范工程取得重大进展，目前已较为成熟地运用于安防监控、智能交通、智能电网、智能物流等领域。

与此同时，陕西围绕制造业布局，加快先进制造业和现代服务业深度融合，积极培育信息技术外包和制造业融合发展示范企业。其中，陕西鼓风机集团是服务外包与先进制造业融合发展的典型代表。企业业务从单一设备制造成功转型为智慧绿色分布式能源系统解决方案商和系统服务商，2021年获得"国家先进制造业和现代服务业融合发展试点"。

陕西在服务贸易领域结构调整、出口竞争力提升等方面取得了积极成效。从最新数据来看，知识密集型服务贸易稳定增长的特点仍较突出。因此，要增加陕西服务贸易的国际竞争力，应该最先要优化和升级陕西服务贸易发展试点的服务贸易结构。

一、重点发展电信、计算机和信息服务

为了提升信息技术服务业的竞争力，关键在于加强技术创新能力，特别是在芯片和操作系统等核心技术领域实现突破。这将为信息技术与制造业、服务业的融合奠定坚实的基础，推动产业向更高附加值的服务贸易方向发展。同时，通过平台化、数字化、智能化的服务外包模式，可以扩大软件、集成电路、运营维护和解决方案等服务的出口规模。

在国际合作方面，应与国际组织在信息技术应用解决方案和商业模式创新的评比及认证上加强合作，是提升国际竞争力的重要途径。此外，加强软件出口基地的建设，提高其集聚能力，将有助于推动向共建"一带一路"国家的发包业务，带动境外培训业务的发展。

为了进一步扩大技术出口规模，鼓励企业将先进的成熟技术推向"一带一路"市场，同时健全技术进口促进体系，支持企业引进技术后的消化吸收和再创新。通过与欧盟、美国、日本、以色列、俄罗斯等经济体的广泛技术交流合作，可以拓宽世界先进技术的进口渠道，为企业创新和产业升级提供支持。这些措施将共同促进信息技术服务业的高质量发展，增强其在全球市场中的竞争力。

二、大力发展生产性服务贸易

为了推动经济的高质量发展，发展生产性服务贸易显得尤为重要，包括研发、设计、咨询、检验检测、供应链管理、人力资源以及培训等服务领域。通过积极参与国际服务外包，不仅可以扩大服务出口规模，还能通过引进国外的先进研发设计服务，增强制造业的创新能力和产品的附加值。

在商务服务领域，提升会计、法律和展览等服务的专业水平，对于品牌建设和境外投资至关重要。特别是会计服务，提高其国际知名度和认可度将有助于赢

得全球市场的信任。同时，培育具有国际视野和竞争力的涉外会计及法律服务机构，对于提升国家服务业的整体实力和国际影响力具有重要意义。此外，通过培育品牌展会和打造具有国际竞争力的龙头会展企业，可以进一步推动服务贸易的发展，吸引更多的国际关注和参与。这些措施将共同促进服务贸易的繁荣，提升服务业的国际竞争力，为经济发展注入新的活力。

三、大力发展文化服务贸易

为了提升中华文化的全球影响力，关键在于促进传统服务贸易产业的转型与升级，特别是在文化服务领域。这包括支持文化企业积极拓展国际市场，创作和开发既体现中华优秀传统文化又展示当代中国形象的文化产品及服务。通过这种方式，可以向世界传递中国文化的独特魅力和时代精神。

同时，鼓励各类文化企业通过新设、收购、合作等方式，在境外开展投资与合作。这不仅有助于文化艺术、广播影视、新闻出版、教育等产业的国际化发展，也是推动中华文化核心价值服务出口的重要途径。

通过这些措施，可以培育具有中华特色和国际竞争力的文化贸易优势，从而在全球范围内提升中华文化的影响力。这不仅能够促进文化交流和理解，还能为经济增长注入新的活力，推动文化产业成为国家软实力的重要组成部分。

第三节　顺应数字贸易发展新趋势

《"十四五"服务贸易发展规划》，顺应了服务贸易日益数字化的趋势，首次将"数字贸易"列入服务贸易发展规划。可以看出，数字技术有利于赋能服务贸易创新发展，开辟服务贸易新局面。在数字技术推动下，服务贸易逐渐呈现出智能化、高端化、融合化三大特点。应继续发挥高新区软件服务外包的优势，在新一代数字技术的推动下，服务贸易的边界正不断扩大，5G、云计算、大数据、人工智能、区块链等技术的应用不仅催生了新业态和新模式，也为传统行业带来了革新。为了适应这一趋势，必须完善相关政策设计，以支持和引导数字技术与金融服务、保险、文化、教育等领域的深度融合。

同时，应加快数字技术在旅游、运输、建筑、加工维修等传统服务领域的渗透，通过提升服务的数字化交付水平，发展远程服务模式，从而提高服务效率和质量。此外，跨境电商平台的转型升级是关键，需要推动这些平台向货物贸易与服务贸易的融合发展，以实现更全面的市场覆盖和更高效的资源配置。

这些措施共同推动服务贸易的创新和发展，为全球经济的数字化转型提供动力，同时为各行业的可持续发展开辟新的道路。通过这些努力，能确保服务贸易在数字经济时代中发挥更大作用，为经济增长注入新的活力。

一、推动贸易数字化转型升级

进一步推进新型数字化基础设施建设，深化跨境贸易数字化转型进程，打造数字自贸试验区。强化数字内容、数字平台治理，不断提高数字化区域治理水平。用好国际互联网数据专用通道，搭建贸易数字化公共服务平台，实施"重点数字场景合作伙伴计划"，为企业数字化转型提供精准服务，推动落地更多数字化场景和项目。同时，支持设立数字产权运营平台，探索数据产权保护和应用机制。

二、完善数字贸易促进政策，加强制度供给和法律保障

为了推动数字贸易的发展，需要支持数字产品贸易并为其国际化营造有利环境。同时，持续优化数字服务贸易，特别是在专业服务、社交媒体和搜索引擎等领域，以促进这些业态的创新发展。数字技术贸易的稳步推进同样重要，包括提升云计算服务和通信技术服务等关键领域的核心技术自主权和创新能力。

在数据贸易方面，关键是探索建立数据资源产权和交易流通的基础制度与标准规范，这有助于逐步形成成熟的数据贸易模式。此外，提升数字贸易的公共服务能力，建立统计监测体系，加强数字领域的多双边合作，都是推动数字贸易发展的重要措施。

三、推进服务外包数字化高端化

服务外包的数字化和高端化也是发展重点。通过实施服务外包转型升级，可以培育龙头企业。同时，加强对外发包，从而助力构建稳定的国际产业链和供应

链。技术创新是推动云外包企业拓展国际市场的关键，有助于提升我国企业的国际市场份额。

此外，扶持众包众创、平台分包等新兴服务外包模式，推动零工经济的发展，不仅能够扩大就业空间，还能促进研发、设计、检测、维修、租赁等生产性服务外包的发展。生物医药研发外包的大力发展将进一步推动产业创新。同时，加快服务外包与制造业的融合，推动制造业的服务化和数字化转型，特别是在5G、物联网等新兴技术的支持下，数字制造外包将迎来新的发展机遇。这些措施将共同推动服务外包行业的数字化和高端化进程。

四、促进传统服务贸易数字化转型

为了降低服务贸易的交易成本并提升其效率，我们需要深化数字技术与服务贸易的融合，打破传统的服务贸易限制。这包括创新服务供给方式，如大力发展智慧物流、线上支付、在线教育、线上展览、远程医疗、数字金融与保险、智能体育等，以及积极支持旅游、运输、建筑等行业进行数字化改造。此外，支持签发区块链电子提单，以提高交易的安全性和透明度。

同时，建立健全数字贸易治理体系至关重要。这要求在数字贸易主体监管、个人信息保护、数据跨境流动、重要数据出境、数据产权保护利用等方面，及时出台符合我国数字贸易发展特点的政策法规。通过加强各部门间的协调联动，推出系统性的综合举措，从而更有效地管理数字贸易的风险。

利用区块链、云计算等先进技术手段，能够加强风险防范，提升数字贸易治理的能力和水平。这些措施将共同促进数字贸易的健康发展，确保交易的安全性和合规性，同时为服务贸易的数字化转型奠定坚实的基础。

第四节 逐步完善服务外包统计与监测工作

按照重点服务企业联系制度的要求，在充分挖掘原有服务外包业务报送企业潜力的同时，积极寻求新的报送企业，动员鼓励企业积极申报、及时申报业务，认真指导新企业注册报送业务数据，从而提升全省服务外包业务产业规模、提高离岸业务占比，全面、及时反映全市服务外包（贸易）产业发展成果。积极发展研发、设计、检测、维修、租赁等生产性服务外包，促进知识流程外包、业务流程外包统计业务数据的增长。同时，争取将原本属于制造业、交通运输业、仓储和邮政业、建筑业等传统行业的企业服务收入纳入服务外包统计系统，培育一批信息技术外包和制造业融合发展示范企业。

第五节　培育多领域服务贸易龙头企业主体

一、引进龙头企业

根据企业规模、国际化程度、主营业务等指标认定一批重点企业，在政策、资金等方面予以倾斜，支持企业做大做强。多渠道引进、吸收和集聚一批高能级、有活力的贸易主体，如依托中软等软件领域龙头企业，思特沃克、诺瓦星云等应用软件领域龙头企业及美林数据等工业软件领域龙头企业，带动高新区服务贸易整体水平的提升。重点引进大型跨国企业的地区总部/区域总部、营运中心、物流中心、分拨中心等，吸引有一定海外业务网络基础的咨询服务企业集聚。

要积极引导和支持企业创立服务品牌，通过提升服务质量来提高和扩大品牌国际影响力，重点鼓励规模以上服务业企业走国际化发展道路，积极开拓海外市场，进一步打响"西安服务"区域品牌，提升西安服务业招商引资的规模、层次和水平。

二、优化外资营商环境

第一，完善发展服务外包的鼓励和扶持政策，加强服务外包企业的服务，积极落实服务外包示范城市的鼓励和优惠政策，尤其在税收、专项资金使用等方面加大协调力度。同时，加强引导服务外包企业走出去的力度，激发服务外包企业国际接单能力加快离岸业务发展。

第二，加强引导服务外包企业的发展，发挥服务外包园区区位优势，进一步加大招商引资工作，推进全球和国内大型、重点的服务外包企业落户西安。

第三，加强对服务外包园区的指导工作，优化服务外包工作机制，加大协调组织力度，落实服务外包发展规划和服务外包任务目标，引导服务外包企业快速发展。

第四，加强服务外包人员培训，充分发挥专业机构培训作用，扩大实训范围，积极为服务外包企业服务培训实用人才，为企业发展注入强劲动力。

第六节　完善对外文化贸易发展体系

在充分发挥陕西软件信息服务业和文化创意产业优势的基础上，陕西应挖掘陕西历史文化资源禀赋，深化文化与科技加快融合，依托"软件新城"，做强"数字出版基地和对外文化贸易基地"两个国家级平台，打造有特色鲜明、优势突出、面向共建"一带一路"的国家文化出口基地。

一、建立健全政策体系，搭建优质公共服务平台

实施精准扶持政策，改善营商环境。在重点企业支持、财税、金融、人才建设、项目审批、外汇管理等方面对陕西文化企业给予多维、精准的政策支持，以促进文化产业的国际竞争力提升与健康可持续发展。严格落实对小微企业减免行政事业性收费和政府性基金的优惠政策。推行文化主管部门权力清单和责任清单制度，精简文化行政审批事项和程序。同时，政府应牵头组织整合企业、科研院所与高校等多元主体的服务资源，立足于文化企业的现实发展需求，积极搭建信息交流、创新研发、管理咨询、创业孵化、数据支撑、知识产权、投融资等服务平台，为文化服务贸易出口提供多元、高效、便捷的公共服务，从而拓宽文化服务企业出口渠道与机会。

二、挖掘传统文化资源，培育新型文化服贸业态

重视本土传统文化，对传统文化资源进行深度挖掘。在传承的基础上进行创新，鼓励文化企业将陕西知名历史文化故事进行现代转化。形成以视觉艺术、文化资本、民俗艺术表现形式、表演艺术为拓展的整合经营模式，加强文化特色品牌建设，以固有的历史与地理优势，发展现代文化产业链。

紧跟时代潮流，朝着数字化、网络化、智能化的方向发展。加快文化与科技深度融合，从而培育出文化新业态。重点推动文化与科技、旅游、互联网等融合，鼓励数字出版、网络视听、动漫游戏、文博创意等产业发展。为了加强文化交流和提升国家文化软实力，积极推动新型文化出口至关重要。这包括数字出版、数字影视、数字演艺等创新领域的内容，它们通过数字平台的传播，能够跨越地理界限，触及全球观众。同时，数字艺术展览作为一种新兴的文化形式，也为国际文化交流提供了新的途径。动漫游戏和电竞作为深受年轻人喜爱的文化产品，其文化出口不仅能带来经济效益，还能促进文化的国际传播和影响力的提升。创意设计领域的文化出口同样不容忽视，它体现了一个国家的创新能力和审美趋势。通过促进这些重点领域的文化出口，可以有效地扩大我国文化的国际影响力，增强文化自信，同时为文化产业的全球化发展注入新的活力。这些措施将共同推动文化产业的繁荣发展，为全球文化多样性做出贡献。要加快"西安国家级文化与科技融合示范基地""西安国家数字出版基地""一带一路"文化旅游大数据平台等建设。

三、打造龙头企业，促进文化产业集群发展

一方面，应该简化行政程序和手续，为文化产业兼并和并购创设便利的环境，实现文化企业的内部优化；另一方面，应注重打造文化产业专业园区，实现集群发展。加快文化产业园区的筹建和转型升级，通过建立文化服务产业示范园区等形式在文化服务产业发展较好的地区形成产业聚集带。大力支持国家级和省级重点文化产业园区的创建，发挥重点企业的示范和引领作用，重点支持园区内有关文化创意、文化科技融合、文化特色产品生产、文化业态模式创新等企业。与此同时，要注重提高文化产业园区配套服务水平，提升文化产业园区孵化

功能。

四、加大人才培育与引进力度，增强智力支撑

首先，在政府部门引导下，建立科研院所、高校、企业联合培养人才的机制。支持企业、高等院校、科研机构和社会中介组织创建文化产业基地，并给予积极的财政资金支持。西安高校应加快培养文化服务贸易相关人才，增设文化服务贸易相关课程，提升法律和语言等配套课程服务水平。文化企业应加强对员工进行文化服务贸易管理和营销方面的培训，降低人才引进成本。

其次，制定共建"一带一路"国家文化服务贸易人才引进优惠政策，对引进的海内外文化产业经营、管理、创业和技术等方面的高层次人才予以相关补助或奖励，依据相关规定提供户籍办理、子女入学、医疗保障等便利条件支持。

最后，陕西自贸试验区应该积极地与共建"一带一路"国家进行人才互培，只有充分了解海外的文化需求与文化消费市场情况，才能更好地服务于文化服务贸易。

此外，陕西应该通过更高标准的开放，增强服务业改革主动性。网络和数字技术的飞速发展已经显著改变了服务业的面貌，打破了传统服务业的局限，使其不再受限于低效率和不可贸易的标签。现在，服务业不仅能够实现规模经济效应，还能通过服务的多样化实现范围经济效应，这大大地增强了服务全球化的推动力。对于陕西而言，服务业的开放是一个持续过程，没有终点。随着世界经济形势的不断变化，陕西服务贸易对外开放战略必须灵活适应，不断调整以应对新的挑战和机遇。这意味着要在更广泛的范围、更宽泛的领域以及更深入的层次上提升开放水平，以适应全球经济的发展趋势。

为了实现这一目标，其对服务业的改革和制度创新提出了更高的要求。通过积极主动的改革，可以解决服务业发展中遇到的难题，推动服务业体制和机制向更加成熟及稳定的方向发展。这样的改革有助于服务业在全球化的大潮中把握机遇，实现可持续发展。

第七节 人才保障

一、完善外籍人才激励机制

健全对符合陕西服务贸易产业开放重点领域发展需要的境外高层次人才和紧缺人才的认定及奖励政策，探索对在西安高新区工作，经人力资源和社保部门、外国人才主管部门认定的外籍人才由北京市人民政府给予一定的补贴。加大对海外人才在项目申请、成果推广、融资服务等方面的支持力度，允许或支持外籍科学家、外国专家领衔或参与承担国家和陕西、西安重大科技计划（项目），探索外籍人才担任新型科研机构事业单位法定代表人制度。

二、推动职业资格认定促进就业创业

探索职业资格国际互认，放宽服务业重点领域高层次和紧缺急需的外籍专家人才聘雇限制，允许符合条件的外籍人员在陕执业提供专业服务。优化外籍人员在陕创办科技型企业的审批流程，营造良好的创新创业环境。

三、提升外籍人才的社会保障水平

建立专门针对外籍人才的多语种、一站式政务服务与社会服务网站，增加涉外医疗服务供给，鼓励发展多种形式国际医疗保险，提升外籍人才医疗水平，鼓励用人单位按国家规定为外籍高层次人才建立补充养老保险，探索外籍人才社保缴纳转移接续机制，推动外籍人才在陕内社保对接，允许其按规定在任职结束回国时提取社保。

第十章　政策建议

第一节　"自上而下"建立数据采集共享平台

一、完善数据收集机制

当前现有各类规章制度中并未对数据归集做出相关规定，数据归集机制的不健全，造成数据信息不全、不及时，大数据分析时数据库不够全面。若各区县各自开展数据的归集与填报工作，因服务贸易的无形性，加之各区县统计工作机制各异，涉及外汇的动态数据、实时数据仍然无法及时掌握。建议陕西省商务厅与人民银行陕西省分行、西安市外汇管理局协调建立数据采集共享平台，及时采集非货物贸易的情况，动态掌握每一笔服务贸易发生情况，按照直报原则，直接反馈到各区县统计，确保"应统尽统"，各区县实现服务贸易统计直报工作。

二、建立四级网络平台

对接政务网络平台，对接商务厅、市本级、区、重点企业4级网络平台。充分利用云计算、物联网、大数据、移动互联网和智能控制等先进的信息技术。通过这些技术，可以建立一个全面的统计监测、运行和分析体系，这有助于我们更好地理解和管理服务贸易的各方面。此外，拓展基础数据的来源并整合各部门的服务贸易信息至关重要。这不仅能够提高数据的质量和可用性，还能够为政策制定和决策提供更准确的依据。新型政务网络平台作为一个中心枢纽，促进信息的流通和共享，加强各级政府和企业之间的协同合作。通过这样的努力，我们可以更有效地推动服务贸易的发展，提高服务贸易的竞争力，同时为服务贸易的监管和政策制定提供强有力的支持。

三、定期反馈服务贸易数据

服务贸易数据来源有外汇管理局、商务部重点企业监测、商务部综合测算等途径，以商务部综合测算的数据最为全面准确。建议商务部反馈各区服务贸易综合测算数据，便于各地做好服务贸易发展分析研判工作。设计企业基层表、行业统计表、综合统计表等统计表格，全面统计服贸业务企业、行业及高新区服务贸易整体发展情况；在此基础上，开展重点企业数据直报，在重点企业名录的基础上，结合国家外汇管理局陕西省分局提供的数据，梳理陕西服务贸易企业名录，发动企业通过商务部直报系统填报数据。进一步推动部门信息共享，搭建服务贸易政务综合平台，整合各部门服务贸易统计信息，实现共用共享。陕西省商务厅与国家外汇管理局陕西省分局建立合作机制，共同推进服务贸易统计制度创新。

四、提高平台数据采集和分析能力

利用大数据、云计算等相关技术，为服务贸易企业提供更高层次的数据采集、挖掘、监测和分析服务。同时，加强与数据分析企业的合作，开展具有前瞻性的基于大数据的相关研究，进一步提高平台的综合性功能。

第二节　建立数据知识产权保护体制机制

数据作为当前经济社会发展重要的生产要素，随着数字贸易的快速发展，一系列新的问题和挑战随之出现。这些问题包括如何有效管理跨境数据流动，确保数据的自由而安全地传输。同时，数据本地化的要求在不同国家和地区日益增长，这对全球数据管理提出了新的挑战。市场准入问题在数字贸易中显得尤为重要，它关系到企业如何进入新市场并开展业务。隐私保护和消费者权益维护是数字贸易中的关键问题，需要确保消费者的个人信息得到妥善保护，同时保障他们的合法权益。建议陕西建立数据知识产权保护体制机制，明确各行业数据权利的归属，赋予不同主体以对应的权利，率先开展数据交易和流通，进一步明确数据知识产权审核要点，提高数据要素配置效率。借鉴上海持续深化跨境数据流动试点工作经验，探索在金融服务、工业互联网、医疗等领域制定低风险跨境流动数据目录和数据知识产权保护办法，形成低风险领域数据跨境流动操作方案，推动数据跨境安全有序流动和价值增值。

第三节　规划建设服务贸易功能区

一、建设"国家服务贸易创新发展示范区"

建议陕西创建"国家服务贸易创新发展示范区"，规划建设服务贸易功能区，建设有形载体。西安作为西北地区唯一的国家中心城市，应引领西部地区服务贸易高质量发展。规划建设一批特色服务出口基地，继续推进陕西服务贸易有形聚集区建设，形成服务贸易发展的有形战略支点。

二、打造海外产业园

加快打造出海外产业园，加快"走出去"步伐，拓展服务贸易产业国际市场。联合易点天下，打造跨境电商服贸平台，为企业出海提供一站式服务，带动信息、资金、人才、技术、模式等要素流动聚集，促进企业深度参与全球化贸易，紧紧围绕共建"一带一路"国家的市场需求，推动企业在东南亚、中亚、东欧和非洲等国家开拓市场，带动西安出海产业品牌集聚，规模化发展。

第四节　完善服务贸易创新发展载体和平台建设

一、建设服务贸易"电子口岸"

依托陕西省西安市市场综合监管平台和"企业直通车"App，对陕西服务贸易等市场主体实行智慧化、精准化监管，通过互联网、大数据等技术手段，采集并分析服务贸易企业相关信息，对其进行信用分类监管和风险分级管理。

二、完善平台跨境运营体系

进一步完善搭建基于 TikTok 平台的跨境运营体系，开发面向陕西文化出口贸易企业的出海营销培训课程和体系，创建服务平台微信公众号。同时，发挥智能教育领域技术优势。通过梳理高新区从事"互联网+教育"有关企业，引导科大讯飞发挥在智能教育领域的技术优势，并与高校展开 AI 人才培养的合作。持续开展金融领域创新，推出信用贷、人才贷等金融产品，实现信用+金融的广泛推广。进一步完善配套服务功能，强化增强基地要素吸附能力、产业支撑能力和辐射带动能力，形成一定的规模效应。

三、进一步完善和优化现有平台

为企业提供诸如市场信息、项目对接、人才和专家信息、服务贸易相关政策文件、贸易国法律信息等系列信息，扩大平台的信息量，以此增加平台的使用率。加强对服务平台的宣传、介绍，扩大平台的知晓度。进一步加强对现有的平台整合，建立综合性平台载体，从而提高平台的综合性功能。

第五节 培育多领域服务贸易龙头企业主体

一、引进龙头企业

要根据企业规模、国际化程度、主营业务等指标认定一批重点企业，在政策、资金等方面予以倾斜，支持企业做大做强。采取多渠道策略，引进和集聚一批具有高能级和活力的贸易主体。这包括依托软件领域的龙头企业（如中软），以及在应用软件和工业软件领域具有领先地位的企业（如思特沃克、诺瓦星云和美林数据），来引领和推动行业发展。此外，重点引进大型跨国企业的地区总部或区域总部，以及它们的营运中心、物流中心和分拨中心，这些机构的设立将为当地经济注入活力，并提升服务贸易的国际化水平。同时，大力吸引那些已经拥有一定海外业务网络基础的咨询服务企业，这有助于拓展陕西在全球服务贸易中的网络和影响力。

进一步地，积极吸引具有国际影响力的贸易组织、贸易促进机构和认证机构在陕西集聚，这不仅能够提升该省服务贸易的国际认可度，还能够促进贸易规则和标准的国际化对接。通过这些措施，陕西将能够构建一个更加开放、多元和高效的服务贸易生态系统，从而在全球经济中占据更有利的竞争地位。

二、打造自主品牌

要积极引导和支持企业创立服务品牌，通过提升服务质量来提高和扩大品牌国际影响力，重点鼓励规模以上服务业企业走国际化发展道路，积极开拓海外市场，进一步打响"西安服务"区域品牌，提升西安服务业招商引资的规模、层次和水平。

第六节 提高中华文化"走出去"的质量和效益

一、建设完善文化产业基地

在充分发挥陕西软件信息服务业和文化创意产业优势的基础上，挖掘陕西历史文化资源禀赋，深化文化与科技加快融合，依托"软件新城"，做强"数字出版基地和对外文化贸易基地"两个国家级平台，打造有特色鲜明、优势突出、面向"一带一路"的国家文化出口基地。陕西通过成立文化工作领导小组，将文化产业定位为战略性新兴产业，并为其发展量身定制了专项政策。为深入了解并解决文化企业的发展需求，建立了文化企业走访制度，并通过组织文创企业沙龙、招聘会和高峰论坛等活动，帮助企业解决发展中的痛点问题。

此外，陕西积极搭建丝绸之路招商平台，鼓励并组织文化企业参加国内外重要的文化产业展会，如深圳文博会、丝绸之路国际博览会和中国国际服务贸易交易会等，以促进文化交流和商业合作。

二、促进传统文化的国际化

陕西通过创立文创企业协会，强化了商业资源的信息共享，为企业"抱团出海"提供了资源整合的平台。同时，通过建设文化大市场暨文化出口贸易服务平台，聚焦于出口贸易管理、服务管理和金融服务管理，形成了统一服务、信息共享、机制创新的文化出口贸易服务集群。

在服务领域的细化上，陕西依托文创产业协会，引导形成了多个不同细分领域的专业委员会，为文化产业发展提供了完善的服务支撑。这包括搭建互动沟通、信息传递、资源共享、技术研发和产学研一体化的服务体系，并对企业进行分类支持和服务，实现精准施策和产业链合作的完善。

为了挖掘金融政策的红利，陕西建立了文化金融数据服务中心，并设立了文化企业数据资源库。通过设计评级指标体系和服务考评体系，为文化银行、产业投资基金和小额贷款公司等提供文化企业的基础数据和融资信息服务，实现金融资源的共享，为文化产业的发展提供了坚实的金融支持。

第七节 推动服务贸易全方位、便利化建设

一、提升跨境流通效率

陕西致力于推动国际贸易"单一窗口"和"大通关"建设，旨在将服务贸易相关事项纳入统一的平台，以简化流程和提升跨境交付的效率。这包括探索减少专有技术及专利跨境转让的手续，以及加快资金流动的便利化，特别是推进人民币在服务贸易中的跨境使用，并确保外汇政策的有效实施。在人员流动方面，陕西正在完善外籍工作人员的出入境和定居便利化措施，并建立一个衔接人才签证、工作许可、工作居留和永久居留的机制，以吸引和留住国际人才。同时，通过完善"绿色通道"系统，陕西正在加强外事、人社、公安、科技等部门间的信息互联互通，以压缩审核和签发时限，提高整体的管理服务效率。这些措施的实施将有助于陕西在国际贸易和服务贸易中提升竞争力，促进经济的开放发展，同时为参与国际贸易的企业和个人提供更加高效、便捷的服务。

二、优化营商环境，促进优质要素集聚

一是打造开放便利的投资贸易环境。推出外资商事服务"跨境通"，推动外商投资企业商事登记"离岸办理"。完善企业投资管理体制，推动实现外商备案与工商登记"一套表格、一口办理"，实现"无纸化""零见面""零收费"。

二是推进贸易便利化改革。陕西积极探索实现"单一窗口"平台与"一带一路"沿线国家和地区口岸的互联互通，这将极大地促进信息共享和监管协同。在此基础上，陕西致力于深化"三互"大通关改革，即信息互换、监管互认、执法互助，以提高通关效率和确保国门安全。此外，陕西计划在有条件的口岸优先实施通关放行全流程的无纸化、智能化和便利化，这将进一步降低口岸的制度

性交易成本，为企业和贸易参与者提供更加高效、透明的服务。通过这些措施，陕西将推动口岸管理向现代化、智能化转型，为企业提供更加便捷的跨境贸易服务。推进实施口岸通关环节一站式服务，组织实施免除检查无问题外贸企业吊装移位仓储费用试点等。

三是推动服务贸易数字化发展。为了提升陕西的数字营商环境，重点推进设计服务的数字化转型，并通过建立设计众包平台来促进行业的创新发展。同时，加快旅游资源的数字化步伐，以提供更符合国际标准的数字旅游服务。在教育培训领域，将推动在线教育和培训服务的出口，以满足全球市场的需求。此外，会展行业将通过数字化改革实现线上与线下展览的同步进行，拓宽服务的覆盖范围和影响力。为了支持这些发展，应优化现有的服务业资金扶持政策，充分利用中央、省级和市级的专项资金，鼓励公共服务平台的建设、国际市场的开拓、龙头企业的培育，以及新兴服务贸易模式的探索和服务贸易的数字化转型。

资金支持将覆盖技术研发、人才引进、职业培训和贸易能力提升等方面，从而帮助服务贸易企业增强竞争力。同时，为了提高监管效率和准确性，应全面探索和完善监管模式，建立服务贸易重点联系企业的运行监测机制，为政府部门间的协同监管提供坚实的技术基础和数据支持，确保能够及时监测企业的运行状况，并有效防范骗税和骗取补贴等违法行为。通过这些措施，陕西将为服务业的数字化转型和服务贸易的发展奠定坚实的基础。

参考文献

［1］中国（陕西）国际贸易单一窗口［EB/OL］. https：//www. singlewindow. shaanxi. cn.

［2］庄羽，杨水利. 服务贸易创新发展试点对数字全球价值链融入的影响研究［J］. 统计与决策，2024，40（11）：144-149.

［3］李可. 中国服务贸易创新发展提速［J］. 服务外包，2024（5）：62-63.

［4］杨闫. 自贸试验区推动公共服务数字化转型的探索——评《上海自贸试验区服务贸易创新发展》［J］. 国际贸易，2024（4）：99.

［5］姚战琪，彭梦圆. 服务业开放对城市绿色发展的影响研究：基于服务贸易创新发展试点的准自然试验［J］. 国际经贸探索，2024，40（3）：4-20.

［6］强永昌，李嘉晨. 服务贸易创新与服务企业数字化转型研究［J］. 亚太经济，2023（6）：38-50.

［7］张兴夏. 创新驱动发展战略背景下高职院校创新创业教育探索［J］. 高等职业教育探索，2023，22（5）：76-80.

［8］朱灵盈，王利文，张莹. RCEP框架下中国服务贸易创新发展的路径研究［J］. 全国流通经济，2023（10）：36-39.

［9］杨雨衡. 中蒙俄经济走廊旅游服务贸易创新发展研究［J］. 北方经贸，2023（5）：25-28.

［10］李俊，付鑫，张威. 中国服务业开放与服务贸易协同发展：成效、问题与对策［J］. 国际经济合作，2023（1）：4-13，92.

［11］高妍蕊. 服务贸易合作创新，以高水平开放构建新发展格局——

2022 年中国国际服务贸易交易会·服务贸易开放发展新趋势高峰论坛综述［J］.中国发展观察，2022（9）：15-19，59.

　　［12］赵福军.做实服务贸易创新发展的底盘［J］.发展研究，2022，39（8）：35-39.

　　［13］陈怀锦，周孝.服务贸易创新发展的制度性障碍及其破解路径［J］.国际贸易，2022（2）：82-88，96.

　　［14］杨剑，顾学明.以更高水平开放促进服务贸易创新发展［J］.国际贸易，2022（1）：11-17，25.

　　［15］王晓燕.粤港澳大湾区服务贸易创新发展路径研究［J］.中国市场，2022（1）：13-14.

　　［16］陈昭.服务贸易创新发展政策演变及推进思路［J］.中国发展观察，2021（24）：63-65.

　　［17］王维薇，赵滨元.天津自贸区服务贸易创新发展对策建议［J］.环渤海经济瞭望，2021（12）：4-6.

　　［18］杨艳.服务贸易创新发展试点周年"成绩单"［J］.重庆与世界，2021（12）：22-23.

　　［19］赵若锦，李猛，张云.中国与爱尔兰比较视角下我国服务贸易创新发展研究［J］.国际贸易，2021（11）：60-69.

　　［20］苗欣奕.我国服务贸易开放发展与竞争力提升研究——评中国发展出版社《服务贸易：开放合作与创新发展》［J］.价格理论与实践，2021（10）：198.

　　［21］付鑫，张威，李俊，邵宇佳.中国服务开放对服务企业效率的影响效应研究——基于服务贸易创新发展试点的双重差分检验［J］.华东经济管理，2021，35（11）：12-24.

　　［22］天津全面深化服务贸易创新发展试点［J］.政策瞭望，2020（10）：54.

　　［23］许唯聪，李俊久.中国服务贸易的发展现状、问题及对策［J］.区域经济评论，2020（5）：122-130.

　　［24］聚焦全面深化服务贸易创新发展试点［J］.中国发展观察，2020（Z7）：7.

［25］张倪. 我国服务贸易创新发展试点开启 3.0 时代 ［J］. 中国发展观察，2020（Z7）：18-20.

［26］成都获批全面深化服务贸易创新发展试点 ［J］. 先锋，2020（8）：1.

［27］国务院部署进一步扩大开放稳外贸稳外资决定深化服务贸易创新发展试点 ［J］. 今日国土，2020（7）：4.

［28］戴翔. 服务贸易出口技术复杂度与经济增长——基于跨国面板数据的实证分析 ［J］. 南开经济研究，2018（3）：57-68.

［29］唐保庆，黄繁华. 国际贸易结构对经济增长的影响路径研究——基于货物贸易与服务贸易的比较分析 ［J］. 世界经济研究，2015（9）：32-39，88.

［30］曹标，廖利兵. 服务贸易结构与经济增长 ［J］. 世界经济研究，2018（1）：46-51，88.

［31］赵书华，张维. 中国服务贸易出口结构与经济增长关系研究 ［J］. 中国经贸导刊，2019（12）：39-41.

［32］孙江明，苏琴. 我国运输服务贸易竞争力的国际比较 ［J］. 国际贸易问题，2016（4）：67-72.

［33］李辉. 全国旅游服务贸易 9 强的国际竞争力的定量分析 ［J］. 世界经济研究，2019（8）：61-65.

［34］郑吉昌，周蕾. 中国服务业国际竞争力的指标评价 ［J］. 经济问题，2018（11）：18-20.

［35］邢孝兵，张清. 我国服务贸易竞争力的实证分析 ［J］. 经济问题，2018（7）：39-43

［36］王江，陶磊. 中国生产性服务贸易结构及国际竞争力的比较 ［J］. 统计与决策，2018，34（7）：135-139.

［37］裴长洪，杨致远. 中国服务贸易竞争力的实证分析 ［J］. 世界经济，2018（4）：144-146.

［38］黄健青，张娇兰. 京津沪渝服务贸易竞争力及其影响因素的实证研究 ［J］. 国际贸易问题，2019（5）：74-82.

［39］许志瑜，张梦，马野青. 全球价值链视角下中国服务贸易国际竞争力及其影响因素研究 ［J］. 国际贸易，2018（1）：60-66.

［40］ Fixler Dennis, and Donald Siegel. Outsourcing and Productivity Growth in Services ［J］. Struc-tural Change and Economic Dynamics, 2019, 10 (6)：177-94.

［41］ Hoekman Bernard and Aaditya Mattoo. Services, Economic Development and the DohaRound：Exploiting the Comparative Advantage of the WTO ［C］. Mimeo, 2016.

［42］ Lewis, J. D. , Robinson, S. and Thierfelder, K. Free Trade Agreements and the SADCEconomies ［J］. Journal of African Economies, 2018, 12 (2)：156-206.

［43］ H Ahn, Lee. Service in the Northeast Asian Countries ［J］. Global Economic Review, 2017, 36 (1)：7-14.

［44］ G. He and W. Yan, The Study on the International Competitiveness of China's Foreign Trade in Service ［C］. 2013 6th International Conference on Information Management, Innovation Management and Industrial Engineering, 2013 (1)：227-229.

［45］ Qianshun Yuan. The High-quality Development of China's Service Trade：Trade Status Quo, Challenges and Development Countermeasures ［J］. Frontiers in Economics and Management, 2022, 3 (2)：7-14.

［46］ 刘研. 我国东中西部服务贸易发展战略研究 ［J］. 经济研究导刊, 2018 (21)：178-179.

［47］ T. Bi, Services Trade Technology Spillover Effects and the Mechanism Through Which it Affects China's Economic Growth ［C］. 2010 7th International Conference on Service Systems and Service Management, 2010.

［48］ 张灿. 我国服务贸易与货物贸易关系的实证分析 ［J］. 对外经贸, 2016 (6)：32-33.

［49］ 陈昭. 对外贸易发展模式调整思路及重点领域 ［J］. 中国经贸导刊, 2013 (28)：30-32.

［50］ 陈怀锦, 周孝. 服务贸易创新发展的制度性障碍及其破解路径 ［J］. 国际贸易, 2022 (2)：82-88, 96.

［51］ 王喆, 和军. "双循环" 视角下自由贸易试验区创新发展研究 ［J］. 中国特色社会主义研究, 2021 (5)：47-56.

［52］许唯聪，李俊久．中国服务贸易的发展现状、问题及对策［J］．区域经济评论，2020（5）：122-130.

［53］王晓林．基于钻石模型的我国服务贸易国际竞争力提升研究［J］．绥化学院学报，2021，41（8）：17-19.

［54］Peng Shuijun, Shu Zhongqiao, Zhang Wencheng. Does Service Trade Liberalization Relieve Manufacturing Enterprises' Financial Constraints? Evidence from China［J］. Economic Modelling, 2022（1）：106-110.

［55］Li Yan, Liang Xuehan, Huang Qingbo. The Study of the Spatial Heterogeneity and Structural Evolution of the Producer Services Trade Network［R］. COMPLEXITY, 2021.

［56］唐常春．重点产业环节选择理论与方法研究——水晶模型分析框架［J］．经济地理，2010，30（11）：1865-1870.

［57］何超，李萌，李婷婷，彭雪，李婕，赵锦慧．多目标综合评价中四种确定权重方法的比较与分析［J］．湖北大学学报（自然科学版），2016，38（2）：172-178.

［58］马萧萧．开发园区主导产业选择方法探讨及实证分析［J］．中国工程咨询，2022（1）：49-53.

［59］朱亦赤，龙立长，孙太安，周敏，马先锋，邓子牛，李大志．基于AHP-SWOT模型的洪江市柑桔产业发展战略选择定量研究［J］．中国南方果树，2021，50（6）：159-167.

［60］徐聪．国际商务视角下海南省现代服务业主导产业的选择［J］．产业创新研究，2018（11）：39-40.

［61］陈春林．江西省战略性新兴产业发展评价与选择的实证研究［J］．江西科学，2022，40（1）：186-195.

［62］汪剑鹏．中国服务贸易进出口额与经济增长关系的实证研究［J］．商展经济，2022（5）：15-17.

［63］朱国银，褚华东．中国服务贸易国际竞争力分析［J］．改革与开放，2020（20）：5-9.

［64］Xu Yingchang, Xu Yi, Chen Yongqiang. Analysis on the Influencing Factors of International Competitiveness of Service Trade in Zhejiang Province—Based on Principal Component Analysis ［R］. 2021 5th International Conference on Education, Management and Social Science, 2021.

［65］罗森,徐永其,宋洋洋. 上海市服务贸易发展对连云港自贸区的启示［J］. 江苏商论, 2021 (12): 80-83, 90.

［66］张静. 西安服务贸易的国际竞争力研究——基于成都的比较分析［J］. 现代商业, 2012 (33): 124-125.

［67］曹林,李艳,冉淑青. 西安现代特色产业体系构建战略选择与对策研究［J］. 商业经济, 2016 (9): 41-44.

［68］冯乐. 西安科技服务业市场主体发展现状研究［J］. 中国市场, 2016 (17): 34+36.

［69］陈嘉乐,王盛晓,焦晓松. 我国金融服务贸易国际竞争力评价及国际比较［J］. 商业经济, 2022 (2): 181-183.

［70］宋丽杰. 河南省服务贸易竞争力及影响因素分析［J］. 洛阳师范学院学报, 2021, 40 (9): 67-70.

［71］刘燕. "一带一路"背景下西安市旅游服务出口发展对策分析［J］. 旅游纵览, 2021 (24): 165-167.

［72］曹梅英,唐红祥,王立新,邓文勇. 基于修正钻石模型的未来产业选择研究［J］. 广西财经学院学报, 2021, 34 (5): 80-91.

附　录

附录一：陕西服务贸易企业调查问卷

第一部分　基本情况

1. 企业性质

A. 国有　　　　B. 民营　　　　C. 外资

2. 贵公司所属西安市哪个园区_____（填空）

3. 贵公司的主营业务内容？

A. 运输服务　B. 旅行服务　C. 建筑服务　　D. 保险服务

E. 金融服务　F. 医疗服务　G. 教育服务　　H. 音像服务和相关服务

I. 电信、计算机和信息服务　J. 知识产权使用费

K. 个人、文化和娱乐服务　　L. 维护和维修服务

M. 加工服务　N. 其他商业服务　　　O. 政府服务

P. 信息技术外包服务（ITO）　　　　Q. 业务流程外包服务（BPO）

R. 知识流程外包服务（KPO）

4. 贵公司开展上述服务贸易项目时间有多久？

A. 0~1 年　　　B. 1~5 年　　　C. 5 年以上

5. 贵公司服务贸易业务的辐射范围主要包括哪些国家和地区？

A. 中国香港　　　　B. 中国澳门　　　　C. 中国台湾　　　　D. 欧洲

E. 美国　　　　　　F. 日本　　　　　　G. 韩国　　　　　　H. 东南亚

6. 贵公司处于行业产业链的哪个环节？

A. 产品上游服务

B. 产品中游服务

C. 产品下游服务

D. 其他环节

第二部分　财务及融资情况

1. 贵公司 2019 年、2020 年、2021 年营业收入情况怎样？

2. 贵公司 2021 年利润较上年同期。

A. 基本持平

B. 下降 20% 以内

C. 下降 20%～50%

D. 下降 50% 以上

E. 增长 20% 以内

F. 增长 20%～50%

G. 增长 50% 以上

3. 贵公司服务贸易项目利润占当年净利润比例为_____。

A. 10%　　　　　B. 10%～20%　　　　C. 20%～50%　　　　D. 50% 以上

4. 您的企业在融资方面的最大障碍在于？

A. 融资渠道单一

B. 企业本身的投资风险和融资风险相对较高

C. 人员能力较低

D. 资本市场直接融资途径缺乏

E. 融资成本高

F. 金融体系缺乏监管

G. 政府扶持力度不够

5. 拟制定高新区服务贸易创新发展的金融支持政策，您的建议是什么？

第三部分　服贸企业市场结构方面

1. 贵公司在发展中面临的公司内部主要"瓶颈"问题？

A. 企业规模无法扩大

B. 对市场敏感度下降

C. 对内部矛盾解决能力不足

D. 技术壁垒

E. 人才流失

2. 贵公司在发展中面临的公司外部主要"制约"问题？

A. 法律政策待改善

B. 财政政策倾斜力度不够

C. 金融服务条件差

D. 社会服务明显不足

E. 市场竞争秩序待规范

3. 您的企业的竞争对手主要来自哪些区域？

A. 华东　　　　　B. 华北　　　　　C. 华南　　　　　D. 西南

E. 西北　　　　　F. 东北

4. 国内提供与您的企业相同业务的企业大概有多少家？

A. 50 家以内　　　B. 50~100 家　　　C. 100 家以上

5. 贵公司在服务贸易方面主要的竞争优势有哪些？

A. 人力资源优势

B. 技术优势

C. 市场优势

D. 品牌优势

E. 资本优势

6. 贵公司 2022 年服务贸易发展方向是什么？

A. 看好境外方向进一步扩大服务贸易出口

B. 看好境内市场，进一步扩大境内服务市场

C. 对未来境内外市场保持悲观，维持企业服务贸易发展现状

D. 持观望态度，视后续疫情发展等市场变化情况决定发展方向

7. "十四五"期间，贵公司服务贸易发展计划主要集中在哪些方面？

A. 技术改革

B. 优化人力资本

C. 制度型开放和要素流动型开放相结合

D. 服务贸易数字化

E. 优化服务贸易结构

第四部分　科技支持及研发竞争力方面

1. 贵公司研发投入经费规模多大？

A. 5000 万元以内

B. 5000 万至 10000 万元

C. 10000 万元以上

2. 贵公司对企业自身技术创新竞争能力的自我评价打分是多少？

A. 90~100 分

B. 80~90 分

C. 70~80 分

3. 贵公司开展服务贸易的核心技术描述（如涉密，填写涉密即可）

4. 贵公司与秦创原有无业务及技术上的往来合作？

5. 当前影响贵公司服务贸易的主要技术障碍是什么？

A. 企业面临数字技术专业人员瓶颈

B. 信息安全问题

C. 缺少核心技术

D. 其他

第五部分　服贸企业的政策支持

1. 贵公司能否及时了解到贸易方面的最新政策，有哪些渠道？

A. 从中国服务贸易指南网等官网中了解

B. 地方部门通知

C. 其他企业最新动向

D. 无法及时了解

2. 贵公司在自贸区试点推广后享受到以下哪些政策的便利？

A. 支持企业创新若干政策

B. 打造现代产业体系，促进高质量发展若干政策

C. 支持科技金融融合发展若干政策

D. 支持企业上市发展若干政策

E. 打造"硬科技创新人才"最优发展生态系统

F. 鼓励街道企业整合搬迁入院

3. 对于公司以后的发展，希望高新区管委会提供哪方面的帮助？

A. 疫情防控财物捐助

B. 服务进出口业务

C. 公共服务平台建设

D. 国际认证、互联网数据专线

E. 人才培训 F 开拓国内外市场

F. 其他（可在最后一问中列明）

4. 对于公司以后的发展，希望西安市政府提供哪方面的帮助？

A. 完善服务贸易的法律法规和相关制度

B. 开放更多试点，实现业务灵活创新

C. 建立仲裁机构，妥善解决服务贸易纠纷

D. 更多的贸易投资便利化措施

E. 搭建信息平台，披露相关信息

F. 覆盖范围更广、支持力度更大的财税金融政策

G. 建立区别于货物贸易的监管模式

H. 其他（可在最后一问中列明）

5. 您对提升高新区服务贸易竞争力有何建议？

第六部分　服贸企业的人才引进

1. 贵公司在人才引进方面有没有"瓶颈"问题？主要原因是什么？

A. 人才引进的主体和渠道单一

B. 人才评价机制不尽合理

C. 人才认定标准过于局限

D. 人才企业引进激励不足

2. 在拓展服务贸易业务过程中，需要什么样的人才？

A. 管理人才

B. 推广人才

C. 外贸营销人才

D. 其他人才

3. 在拓展服务贸易业务过程中，如何高质量地引进人才？

A. 健全人才培养流程

B. 深化改革外省人来陕工作许可制度

C. 加强企业文化建设力度

D. 运行有效性较高的激励政策

E. 科学制订人才引进方案

第七部分　服贸企业创新发展

1. 贵公司希望秦创原提供什么样的创新制度支持？

A. 加强科技金融对接

B. 加快推进"一中心—平台—公司"建设

C. 人才活力持续激发

D. 其他

2. 制约公司拓展服务贸易业务的内部制度障碍有哪些？

A. 融资困难

B. 投入成本高

C. 用工难

D. 技术创新难

E. 企业转型压力

F. 企业市场开拓能力不足

G. 高端人才缺乏

H. 各项手续繁杂、效率偏低

3. 制约公司拓展服务贸易业务的外部制度障碍有哪些？

A. 供应链压力

B. 市场竞争压力

C. 政府政策支持不够

D. 政府政策落实不到位

E. 政府政策不透明或稳定性不够

4. 贵公司开展服务贸易，是否与高新区内高新技术企业享受了同等的政策优惠？表现在哪些方面？

附录二：陕西服务贸易高质量发展评价及重点领域调查问卷

尊敬的专家：

您好！

首先，非常感谢您回答"西安服务贸易创新发展重点产业发展研究"调查问卷。如果您对此次问卷的涉及和课题的研究有何建议或者意见，请不吝赐教。在此对您的合作表示衷心感谢。填写说明：本次调查仅限于西安服务贸易创新发展重点产业发展路线图研究，相关指标均只针对西安服务贸易产业而言。

专家信息：

专家姓名		所在单位	
年龄	（ ）A. 30 岁以下　B. 30～40 岁　C. 40～50 岁 D. 50～60 岁　E. 60 岁以上	性别	（　）A. 男　B. 女
单位所属部门	（　）A. 高校　B. 科研院所　C. 企业　D. 政府部门　E. 其他		

第一部分：内部因素对服务贸易产业发展的影响程度调查

编号	内部因素	非常重要	重要	一般	不重要	非常不重要
	优势因素					
1	产业实力较强	5	4	3	2	1
2	研发基础较好	5	4	3	2	1
3	技术水平较高	5	4	3	2	1
4	人才资源丰富	5	4	3	2	1
5	自然资源丰富	5	4	3	2	1
	劣势因素					
6	产业整体规模较小	5	4	3	2	1
7	产业链不够完善	5	4	3	2	1
8	产学研结合不紧密	5	4	3	2	1
9	整体生产工艺水平较低	5	4	3	2	1
10	资金投入不足	5	4	3	2	1

填写说明：根据您对服务贸易产业的了解程度，在相应的数字上打钩。

第二部分：外部因素对服务贸易产业发展的影响程度调查

编号	内部因素	非常重要	重要	一般	不重要	非常不重要
	机遇因素					
1	服务贸易产业的发展得到国家的重点支持	5	4	3	2	1
2	产业结构逐步合理，区域特色明显形成	5	4	3	2	1
3	国内经济环境逐年好转，外部对服务贸易的投资逐年增多	5	4	3	2	1

编号	内部因素	非常重要	重要	一般	不重要	非常不重要
4	国家重大工程和重大项目带来的巨大需求	5	4	3	2	1
5	产业体系初步形成，产业规模不断扩大	5	4	3	2	1
	挑战因素					
6	政策环境不能完全适应产业发展的需要	5	4	3	2	1
7	国家标准体系不够完善	5	4	3	2	1
8	产业发展的独立主体地位不够明确	5	4	3	2	1
9	关键保障能力不足	5	4	3	2	1
10	自主创新能力薄弱	5	4	3	2	1

填写说明：根据您对服务贸易产业的了解程度，在相应的数字上打钩。

附录三：陕西服务贸易创新发展产业的备选领域得分调查表

填写说明：根据您对陕西省服务贸易产业的了解程度，在相应的空格内填写"5，4，3，2，1"，其中，5 代表高，4 代表较高，3 代表中，2 代表较低，1 代表低。

	软件信息技术	生产性服务业	文化旅游业	会展物流服务	中医药服务	国际教育服务	金融服务	商务服务业	建筑服务
产业熟悉程度									
产业市场潜力									
产业增长速度									
产品创新速度									
生产工艺水平									

续表

	软件信息技术	生产性服务业	文化旅游业	会展物流服务	中医药服务	国际教育服务	金融服务	商务服务业	建筑服务
产业规模大小									
产业结构完善程度									
产业聚集程度									
企业规模大小									
企业数量多少									
研发基础									
技术水平									
人才资源									
资金投入									
对上游产业感应度									
对下游产业影响力									
对其他产业辐射力									
产业规划支持力度									
优惠政策支持力度